biblio Théâtre collège

Le Bourgeois gentilhomme

Texte conforme à l'édition des Grands Écrivains de la France

MOLIÈRE

W0014605

Notes et questionnaires par
Mariel MORIZE-NICOLAS
agrégée de Lettres modernes

Dossier Bibliocollège par
Cécile MENEU
certifiée de Lettres modernes,
professeur en collège

Crédits photographiques

Rabats et plats de couverture : ©De Agostini Picture Library/G. Dagli Orti/ Bridgeman Images (document 1) ; ©ArtComPress/Mirco Magliocca (document 2) ; ©Fidélité Productions/France 2 Cinéma/France 3 Cinéma/Photo Jean-Marie Leroy/ Coll. Christophel (document 3) ; ©ArtComPress/Pascal Victor (document 4).

pp. 9, 11, 28, 55, 58, 79, 110, 132, 147, 173, 175 : ©Photothèque Hachette Livre

pp. 46, 52 : ©Christophe L.

p. 25, 102, 107, 128 : ©Illustrations de Bertrand Toussaint/Hachette Livre

p. 161 : ©Photo Lipnitzki-Viollet

p. 162 : ©Private Collection/Bridgeman Images

p. 174 : ©Bibliotheque Nationale, Paris, France/Bridgeman Images

---

Dossier pédagogique téléchargeable gratuitement sur :
www.enseignants.hachette-education.com

Achevé d'imprimer en Espagne par BlackPrint — Dépôt légal : Juin 2017 — Édition : 04 - 36/5233/8

Maquette de couverture : Stéphanie Benoit
Maquette intérieure : GRAPH'in-folio
Composition et mise en pages : APS

ISBN : 978-2-01-394975-0

© Hachette Livre, 2017, 58 rue Jean Bleuzen, 92178 Vanves cedex.
Tous droits de traduction, de reproduction et d'adaptation réservés pour tous pays.

Sommaire

L'auteur

L'essentiel sur l'auteur ... 4
Biographie ... 5

Le Bourgeois gentilhomme

Acte I ... 11
Questionnaire ... 15, 26
Acte II ... 28
Questionnaire ... 37, 47, 53
Acte III ... 55
Questionnaire ... 59, 73, 80, 92, 100, 108
Acte IV ... 110
Questionnaire ... 117, 129
Acte V ... 132
Questionnaire ... 138, 145
Ballet des nations ... 147
Retour sur l'œuvre ... 158

Dossier Bibliocollège

L'essentiel sur l'œuvre ... 164
L'œuvre en un coup d'œil ... 165
Le monde de Molière : absolutisme, noblesse et théâtre ... 166
La genre de la comédie-ballet ... 170
Groupement de textes : L'art du ridicule, la vanité en spectacle ... 175
Lecture d'images et histoire des arts ... 184
Et par ailleurs… ... 188

L'essentiel sur l'auteur

Grand auteur de théâtre du XVIIe siècle, Molière a également été comédien et directeur de troupe. Il a surtout écrit et joué des **comédies**, genre dramatique considéré alors comme secondaire, qu'il a contribué à faire évoluer.
Sa devise était *Castigat ridendo mores,* ce qui signifie, en latin, « Elle [la comédie] corrige les mœurs en riant ».

Les grands succès de Molière :
Les grandes comédies en vers (*Le Tartuffe* en 1664 ; *Le Misanthrope* en 1666) et en prose (*Dom Juan* en 1665), les comédies plus légères (*Le Médecin malgré lui* en 1666 ; *Les Fourberies de Scapin* en 1671), les farces (*Le Dépit amoureux* en 1656)

**Molière
(1622-1673)**

Ses contemporains :
Le roi Louis XIV, grand amateur d'art, et son ministre Colbert.
Les auteurs de tragédies Pierre Corneille et Jean Racine.
Le fabuliste Jean de La Fontaine.
Les écrivains Cyrano de Bergerac et Charles Perrault.
Les compositeurs Jean-Baptiste Lully et Marc-Antoine Charpentier.

Ses principaux protecteurs :
Successivement le prince de Conti, gouverneur du Languedoc (1653-1658) puis Monsieur, frère du roi (1658-1665), et Louis XIV lui-même (à partir de 1665).

Biographie

MOLIÈRE

est connu pour avoir écrit plus de trente comédies, genre théâtral peu considéré au XVIIe siècle, qu'il a modernisé en y mêlant des intermèdes musicaux et des ballets. Il a beaucoup fait rire ses spectateurs en incarnant des personnages ridicules, révélant ainsi les défauts de la société de son temps.

▶ Un enfant de la bourgeoisie

De son vrai nom Jean-Baptiste Poquelin, Molière est né en 1622, à Paris, dans une famille bourgeoise plutôt riche. Son père est marchand tapissier. Sa mère, Marie Cressé, fille de tapissier, sait lire et écrire, ce qui est plutôt rare à l'époque. Après la mort de sa femme, en 1632, le père de Jean-Baptiste se remarie avec Catherine Fleurette qui mourra à son tour en 1636, laissant cinq enfants.

▶ Changement de cap

Le jeune Jean-Baptiste suit d'abord sa scolarité à Paris chez les Jésuites, au collège de Clermont (actuellement lycée Louis-le-Grand). En 1642, il part étudier le droit à Orléans puis exerce la fonction d'avocat au barreau de Paris pendant six mois. Il remplace ensuite son père qui, dès 1637, lui avait transmis sa charge de tapissier de la Chambre du roi. Mais il abandonne rapidement cette fonction pour devenir comédien et fonde en 1643, à l'âge de 21 ans, la compagnie de L'Illustre-Théâtre avec la famille Béjart; Madeleine Béjart (1618-1672) en est la directrice.

En 1644, Jean-Baptiste prend le nom de Molière. C'est le début de sa carrière de comédien, directeur de troupe et auteur dramatique.

Identité :
Jean-Baptiste Poquelin
Naissance :
15 janvier 1622 à Paris
Décès :
17 février 1673 (à 51 ans) à Paris

Genre pratiqué :
le théâtre

▶ **UNE PASSION**
Molière, issu d'un milieu bourgeois et destiné à devenir tapissier comme son père, a eu très tôt envie de faire du théâtre sa profession.

> « *La tragédie, sans doute, est quelque chose de beau quand elle est bien touchée ; mais la comédie a ses charmes, et je tiens que l'une n'est pas moins difficile à faire que l'autre.* » (Molière, La Critique de l'École des femmes, Sc. 6)

▶ UN EXCELLENT ACTEUR
Dans les pièces qu'il écrivait, Molière se réservait généralement le rôle le plus important ou le plus difficile. Il attachait beaucoup d'importance au « naturel », ce qui allait contre la façon de jouer au XVIIe siècle.

▶ Les débuts d'un homme de théâtre

Les débuts de L'Illustre-Théâtre à Paris sont difficiles car la troupe ne remporte aucun succès et voit les dettes s'accumuler. Elle décide donc de partir en province après avoir fusionné avec une autre compagnie.

Pendant treize ans, à partir de 1643, elle sillonne les routes de France : d'abord le sud-ouest (Agen, Albi, Carcassonne, Toulouse), puis Pézenas, dans l'Hérault, et ensuite Lyon, Grenoble et Rouen où Molière rencontre le dramaturge Pierre Corneille (1606-1684), déjà célèbre pour ses tragédies. Durant toutes ces années, Molière écrit et interprète des farces (dont la plupart ont été perdues), et devient un homme de théâtre complet.

▶ Le succès parisien

Lorsqu'elle revient à Paris, en 1658, la troupe de Molière est composée de dix comédiens. Elle est plus solide car elle a acquis de l'expérience et a appris à s'adapter à tout type de publics, aussi bien populaire que bourgeois ou noble. Elle a joué partout, et dans toutes les conditions : dans la rue sur des tréteaux, dans les salles de spectacle des villes de province, dans les manoirs des gentilshommes de campagne, dans les châteaux des princes de sang… Molière s'est rapidement révélé un excellent acteur comique : il fait rire aux éclats en utilisant toutes les ressources de sa voix et de son corps.

▶ La rencontre avec le roi

En 1658, le tout jeune Louis XIV assiste à l'un de ses spectacles, composé d'abord d'une tragédie de Corneille, *Nicomède*, puis d'une farce de Molière, *Le Docteur amoureux*. Le roi s'ennuie prodigieusement durant la première partie mais rit de bon cœur à la seconde. Il est conquis par l'humour de Molière et installe alors la troupe dans la salle du Petit-Bourbon, qu'elle partage avec les comédiens italiens.

En 1659, Molière écrit et joue *Les Précieuses ridicules*. Le succès est immense, et on commence à lui commander des pièces. C'est ainsi qu'en 1661 il écrit *Les Fâcheux*, sa première comédie-ballet, à la demande du surintendant Fouquet qui veut offrir à Louis XIV une magnifique fête dans son château de Vaux-le-Vicomte.

▶ **Molière jalousé**

En 1662, Molière épouse l'actrice Armande Béjart, de vingt ans sa cadette, et triomphe avec *L'École des femmes*. Mais il est jalousé et certaines comédies qui suivront, plus graves, comme *Le Tartuffe* (1664) et *Dom Juan* (1665), vont faire scandale et provoquer plusieurs campagnes de dénigrement de la part des autres troupes, principalement celle de l'Hôtel de Bourgogne, mais aussi des auteurs rivaux.

▶ **La consécration**

Louis XIV protège Molière et accepte d'être le parrain de son premier enfant, qui meurt malheureusement très jeune. Il lui confie l'organisation des divertissements royaux, tels *Les Plaisirs de l'île enchantée* en 1664.

Désormais, Molière contribue à distraire la Cour avec des pièces agrémentées de danses et de chants comme *L'Amour médecin* (1665), *La Pastorale comique* (janvier 1667), *Le Sicilien ou l'amour peintre* (février 1667), *George Dandin* (1668), *Monsieur de Pourceaugnac* (1669) et *Le Bourgeois gentilhomme* (1670), comédies dans lesquelles il se moque aussi souvent des manies de

▶ **LE PROTÉGÉ DU ROI**

Parce qu'il a fait rire le roi, Molière devient son protégé et écrit pour lui des spectacles complets où se mêlent la comédie, le chant et la danse.

▶ **MOLIÈRE ET LA FAMILLE**

La vie privée de Molière n'a pas été très heureuse. Sa mère est morte très tôt, ainsi que trois de ses quatre enfants. Sa femme, Armande, provoquait sa jalousie. Certains de ses amis artistes, comme Lully ou Corneille, l'ont trahi.

▶ **LES COMÉDIES DE MOLIÈRE**

Dom Juan, 1665
Le Misanthrope, 1666
Le Médecin malgré lui, 1666
L'Avare, 1668
Les Fourberies de Scapin, 1671
Le Malade imaginaire, 1673.

> **UNE MORT THÉÂTRALE**
> À la fin de l'acte III du *Malade imaginaire*, au moment de la cérémonie des médecins, alors que Molière prononçait le troisième « Juro », il fut pris d'une convulsion, qu'il dissimula sous un rictus comique. Dès que le rideau fut baissé, on le transporta chez lui où il succomba de la maladie des poumons qui le faisait souffrir depuis des années.

bourgeois aspirant à monter l'échelle sociale afin de tenter de rejoindre les nobles. Molière a créé plus de trente-trois comédies, mais aussi des divertissements et des farces, dont une grande partie a été perdue.

▶ **Acteur et auteur jusqu'à la fin**

Jusqu'à sa mort, Molière continue d'écrire des pièces, aussi bien en vers qu'en prose, parmi lesquelles *L'Avare* (1668), *Les Fourberies de Scapin* (1671), *Les Femmes savantes* (1672)… Mais sa santé est fragile, et il souffre depuis plusieurs années d'une maladie des bronches qui l'épuise.

En 1673, lors de la quatrième représentation du *Malade imaginaire*, il est pris d'un malaise et meurt chez lui quelques heures après d'une convulsion pulmonaire. Il a 51 ans. Il sera enterré de nuit, discrètement, car les comédiens n'étaient alors pas considérés comme de bons chrétiens et n'avaient pas droit à un enterrement religieux…

Molière vu par...

ALFRED SIMON

« Le théâtre de Molière forme un tout, tout à la fois jeu avec les masques et combat contre les masques. » (*Molière, une vie*, 1995)

....

ANTOINE JACOB MONTFLEURY

« Il est fait tout de même ; il vient le nez au vent
Les pieds en parenthèse, et l'épaule en avant […]
Les mains sur les côtés d'un air peu négligé,
La tête sur le dos comme un mulet chargé,
Les yeux fort égarés, puis, débitant ses rôles,
D'un hoquet éternel sépare ses paroles. »
(*L'Impromptu de l'Hôtel de Condé, 1664*)

MOLIÈRE

Le Bourgeois gentilhomme

PERSONNAGES	ACTEURS
M. JOURDAIN bourgeois	Molière
MME JOURDAIN sa femme	Hubert (actes III, IV, V)
LUCILE fille de M. Jourdain	Mlle Molière (Armande Béjart)
NICOLE servante	Mlle Beauval
CLÉONTE amoureux de Lucile	La Grange (ou le jeune Baron)
COVIELLE valet de Cléonte	Du Croisy (actes III, IV, V)
DORANTE comte, amant de Dorimène	La Thorillière (ou La Grange)
DORIMÈNE marquise	Mlle de Brie
MAÎTRE DE MUSIQUE	Hubert (actes I et II)
ÉLÈVE DU MAÎTRE DE MUSIQUE	Gaye
MAÎTRE À DANSER	
MAÎTRE D'ARMES	De Brie
MAÎTRE DE PHILOSOPHIE	Du Croisy (acte II)
MAÎTRE TAILLEUR	
GARÇON TAILLEUR	Beauval
LE MUFTI (cérémonie turque)	Lully, masqué

Plusieurs musiciens, musiciennes, joueurs d'instruments, danseurs, cuisiniers, garçons tailleurs, et autres personnages des intermèdes et du ballet.

La scène est à Paris.

Acte I

L'ouverture[1] se fait par un grand assemblage d'instruments; et dans le milieu du théâtre on voit un élève du Maître de musique, qui compose sur une table un air que le Bourgeois a demandé pour une sérénade[2].

SCÈNE 1

MAÎTRE DE MUSIQUE, MAÎTRE À DANSER,
TROIS MUSICIENS, DEUX VIOLONS, QUATRE DANSEURS

MAÎTRE DE MUSIQUE, *parlant à ses Musiciens.* – Venez, entrez dans cette salle, et vous reposez là en attendant qu'il[3] vienne.

MAÎTRE À DANSER, *parlant aux Danseurs.* – Et vous aussi, de ce côté.

MAÎTRE DE MUSIQUE, *à l'élève.* – Est-ce fait?

L'ÉLÈVE – Oui.

MAÎTRE DE MUSIQUE – Voyons... Voilà qui est bien.

MAÎTRE À DANSER – Est-ce quelque chose de nouveau?

---

1. ouverture: morceau par lequel débute le plus souvent une œuvre musicale lyrique (opéra, opéra-comique, oratorio).

2. sérénade: pièce de musique vocale ou instrumentale jouée en principe en plein air et de nuit ou le soir.

3. il: M. Jourdain.

MAÎTRE DE MUSIQUE – Oui, c'est un air pour une sérénade, que
je lui[1] ai fait composer ici, en attendant que notre homme fû
éveillé.

MAÎTRE À DANSER – Peut-on voir ce que c'est?

MAÎTRE DE MUSIQUE – Vous l'allez entendre avec le dialogue[2]
quand il viendra. Il ne tardera guère.

MAÎTRE À DANSER – Nos occupations, à vous et à moi, ne son
pas petites maintenant.

MAÎTRE DE MUSIQUE – Il est vrai. Nous avons trouvé ici u
homme comme il nous le faut à tous deux; ce nous est un
douce rente[3] que ce monsieur Jourdain, avec les visions[4] d
noblesse et de galanterie[5] qu'il est allé se mettre en tête; e
votre danse et ma musique auraient à souhaiter que tout l
monde lui ressemblât.

MAÎTRE À DANSER – Non pas entièrement; et je voudrais pou
lui qu'il se connût mieux qu'il ne fait aux choses que nous lu
donnons.

MAÎTRE DE MUSIQUE – Il est vrai qu'il les connaît mal, mai
il les paie bien; et c'est de quoi maintenant nos arts ont plu
besoin que de toute autre chose.

MAÎTRE À DANSER – Pour moi, je vous l'avoue, je me repais[6] u
peu de gloire, les applaudissements me touchent; et je tien
que, dans tous les beaux-arts, c'est un supplice assez fâcheu
que de se produire à des sots, que d'essuyer sur des compo
sitions la barbarie d'un stupide. Il y a plaisir, ne m'en parle
point, à travailler pour des personnes qui soient capable
de sentir les délicatesses d'un art, qui sachent faire un dou

---

Notes

1. lui : l'élève qui compose la sérénade.
2. dialogue : composition musicale pour
deux ou plusieurs voix accompagnées
d'instruments qui se répondent
alternativement.

3. rente : revenu facile à obtenir et
régulier.
4. visions : idées extravagantes, folles.
5. galanterie : élégance, raffinement.
6. repais : du verbe *se repaître*, signifiant
« se nourrir, se délecter ».

12 | *Le Bourgeois gentilhomme* de Molière

accueil aux beautés d'un ouvrage, et par de chatouillantes[1] approbations vous régaler de votre travail. Oui, la récompense la plus agréable qu'on puisse recevoir des choses que l'on fait, c'est de les voir connues, de les voir caressées[2] d'un applaudissement qui vous honore. Il n'y a rien, à mon avis, qui nous paie mieux que cela de toutes nos fatigues ; et ce sont des douceurs exquises que des louanges éclairées[3].

MAÎTRE DE MUSIQUE – J'en demeure d'accord, et je les goûte comme vous. Il n'y a rien assurément qui chatouille davantage que les applaudissements que vous dites. Mais cet encens[4] ne fait pas vivre ; des louanges toutes pures ne mettent point un homme à son aise : il y faut mêler du solide ; et la meilleure façon de louer, c'est de louer avec les mains[5]. C'est un homme, à la vérité, dont les lumières sont petites, qui parle à tort et à travers de toutes choses, et n'applaudit qu'à contresens ; mais son argent redresse les jugements de son esprit ; il a du discernement dans sa bourse ; ses louanges sont monnayées, et ce bourgeois ignorant nous vaut mieux, comme vous voyez, que le grand seigneur éclairé[6] qui nous a introduits ici.

MAÎTRE À DANSER – Il y a quelque chose de vrai dans ce que vous dites ; mais je trouve que vous appuyez un peu trop sur l'argent ; et l'intérêt est quelque chose de si bas, qu'il ne faut jamais qu'un honnête homme[7] montre pour lui de l'attachement.

MAÎTRE DE MUSIQUE – Vous recevez fort bien pourtant l'argent que notre homme vous donne.

---

1. **chatouillantes** : agréables, flatteuses.
2. **caressées** : flattées (terme précieux).
3. **louanges éclairées** : hommages rendus par des personnes qui ont du discernement, des connaissances.
4. **encens** : flatterie.

5. **avec les mains** : en donnant de l'argent.
6. **le grand seigneur éclairé** : Dorante.
7. **honnête homme** : au xviie siècle, homme du monde, agréable, distingué par les manières comme par l'esprit.

MAÎTRE À DANSER – Assurément ; mais je n'en fais pas tout mo
bonheur, et je voudrais qu'avec son bien il eût encore quelqu
bon goût des choses.

65 MAÎTRE DE MUSIQUE – Je le voudrais aussi, et c'est à quoi no
travaillons tous deux autant que nous pouvons. Mais, en to
cas, il nous donne moyen de nous faire connaître dans
monde ; et il paiera pour les autres ce que les autres louero
pour lui.

70 MAÎTRE À DANSER – Le voilà qui vient.

Au fil du texte

Questions sur l'acte I, scène 1 (pages 11 à 14)

Avez-vous bien lu ?

) D'après la liste figurant au début de la scène, combien de personnages sont présents ? Lesquels essentiellement prennent la parole ?

) Les maîtres évoquent un personnage qui n'est pas encore en scène. Qu'apprenez-vous sur sa condition sociale, ses dons et ses capacités, ses aspirations ?

Étudier le discours et la grammaire

) Relevez tout au long de la scène les substituts* non pronominaux utilisés pour désigner la personne dont parlent les maîtres. Lesquels sont péjoratifs* ?

substituts du nom : mots ou expressions utilisés à la place du nom.
péjoratifs : qui expriment une idée, un jugement défavorable.

) Entre les lignes 17 et 59, relevez les termes ou expressions par lesquels les maîtres expriment, en début de réplique*, leur accord ou leur désaccord. Trouvez un adjectif qui caractérise leur relation.

) Relevez, dans le discours des maîtres, les mots ou expressions appartenant au champ lexical* de la gloire et du prestige, d'une part, et de l'argent, d'autre part.

réplique : toute intervention orale d'un personnage dans le dialogue théâtral.

) Résumez en une phrase le thème de leur discussion.

) Sur quel point sont-ils en accord ? Quelle opinion, en revanche, ne partagent-ils pas ?

champ lexical : ensemble des mots et expressions se rapportant à un même thème.

` À quel mode est le verbe *vouloir* aux lignes 23 et 63 ? Justifiez son emploi. Quel trait de caractère du Maître à danser est ainsi mis en évidence ?

Questionnaire | 15

À VOS PLUMES !

9 En vous inspirant de la conversation des maîtres, imaginez deux dialogues d'une dizaine de répliques chacun, entre deux personnes qui tentent de se convaincre mutuellement, de façon polie. Dans le premier dialogue, les personnes vivent au XVIIe siècle : vous utiliserez le vocabulaire et les constructions de l'époque. Dans le second, les deux personnes vivent au XXIe siècle : vous utiliserez le langage de votre époque, dans un registre* courant mais non familier. Vous choisirez librement le thème de chacune des discussions.

*registre de langue : syntaxe et vocabulaire utilisés par une personne ; les trois principaux registres de langue sont : soutenu, courant et familier.

16 *Le Bourgeois gentilhomme* de Molière

SCÈNE 2

M. Jourdain, deux laquais, Maître de musique,
Maître à danser, violons, musiciens et danseurs

M. Jourdain – Hé bien, messieurs? Qu'est-ce? me ferez-vous
voir votre petite drôlerie[1]?

Maître à danser – Comment! quelle petite drôlerie?

M. Jourdain – Eh la…, comment appelez-vous cela? votre
prologue ou dialogue de chansons et de danse.

Maître à danser – Ah! ah!

Maître de musique – Vous nous y voyez préparés.

M. Jourdain – Je vous ai fait un peu attendre, mais c'est que
je me fais habiller aujourd'hui comme les gens de qualité[2],
et mon tailleur m'a envoyé des bas de soie que j'ai pensé ne
mettre jamais.

Maître de musique – Nous ne sommes ici que pour attendre
votre loisir[3].

M. Jourdain – Je vous prie tous deux de ne vous point en aller
qu'on[4] ne m'ait apporté mon habit, afin que vous me puissiez
voir.

Maître à danser – Tout ce qu'il vous plaira.

M. Jourdain – Vous me verrez équipé comme il faut, depuis
les pieds jusqu'à la tête.

Maître de musique – Nous n'en doutons point.

M. Jourdain – Je me suis fait faire cette indienne[5]-ci.

---

1. drôlerie : divertissement bouffon, sans grande valeur.
2. gens de qualité : nobles d'ancienne naissance. Ils étaient habillés de vêtements de couleur, tandis que les bourgeois étaient vêtus de gris ou de noir.
3. votre loisir : le moment où vous serez disponible.
4. qu'on : avant qu'on.
5. indienne : robe de chambre très luxueuse, en étoffe importée des Indes.

Acte I, Scène 2 | 17

MAÎTRE À DANSER – Elle est fort belle.

M. JOURDAIN – Mon tailleur m'a dit que les gens de qualité étaient comme cela le matin.

25 MAÎTRE DE MUSIQUE – Cela vous sied à merveille.

M. JOURDAIN – Laquais! holà, mes deux laquais!

PREMIER LAQUAIS – Que voulez-vous, monsieur?

M. JOURDAIN – Rien. C'est pour voir si vous m'entendez bien. *(Aux deux Maîtres.)* Que dites-vous de mes livrées[1]?

30 MAÎTRE À DANSER – Elles sont magnifiques.

M. JOURDAIN – *(Il entrouvre sa robe et fait voir un haut-de-chausses[2] étroit de velours rouges et une camisole[3] de velours vert, dont il est vêtu.)* Voici encore un petit déshabillé pour faire le matin mes exercices.

35 MAÎTRE DE MUSIQUE – Il est galant[4].

M. JOURDAIN – Laquais!

PREMIER LAQUAIS – Monsieur.

M. JOURDAIN – L'autre laquais!

SECOND LAQUAIS – Monsieur.

40 M. JOURDAIN – Tenez ma robe. Me trouvez-vous bien comme cela?

MAÎTRE À DANSER – Fort bien. On ne peut pas mieux.

M. JOURDAIN – Voyons un peu votre affaire.

MAÎTRE DE MUSIQUE – Je voudrais bien auparavant vous faire
45 entendre un air qu'il vient de composer pour la sérénade que vous m'avez demandée. C'est un de mes écoliers[5], qui a pour ces sortes de choses un talent admirable.

Notes

1. livrées : uniformes que portaient les laquais.
2. haut-de-chausses : sorte de pantalon s'arrêtant aux genoux.

3. camisole : veste courte à manches que l'on portait sous ou sur la chemise.
4. galant : élégant, raffiné.
5. écoliers : élèves; mais M. Jourdain le comprend comme simples apprentis.

18 | *Le Bourgeois gentilhomme* de Molière

M. JOURDAIN – Oui ; mais il ne fallait pas faire faire cela par un
écolier, et vous n'étiez pas trop bon vous-même pour cette
besogne-là.

MAÎTRE DE MUSIQUE – Il ne faut pas, monsieur, que le nom
d'écolier vous abuse. Ces sortes d'écoliers en savent autant
que les plus grands maîtres, et l'air est aussi beau qu'il s'en
puisse faire. Écoutez seulement.

M. JOURDAIN – Donnez-moi ma robe pour mieux entendre…
Attendez, je crois que je serai mieux sans robe… Non ; redon-
nez-la-moi, cela ira mieux.

MUSICIEN, *chantant.* –
  Je languis nuit et jour, et mon mal est extrême,
  Depuis qu'à vos rigueurs vos beaux yeux m'ont soumis :
  Si vous traitez ainsi, belle Iris, qui vous aime,
  Hélas ! que pourriez-vous faire à vos ennemis ?

M. JOURDAIN – Cette chanson me semble un peu lugubre, elle
endort, et je voudrais que vous la pussiez un peu ragaillardir
par-ci, par-là.

MAÎTRE DE MUSIQUE – Il faut, monsieur, que l'air soit accom-
modé aux paroles.

M. JOURDAIN – On m'en apprit un tout à fait joli, il y a quelque
temps. Attendez… La…, comment est-ce qu'il dit ?

MAÎTRE À DANSER – Par ma foi ! je ne sais.

M. JOURDAIN – Il y a du mouton dedans.

MAÎTRE À DANSER – Du mouton ?

M. JOURDAIN – Oui. Ah !

(M. Jourdain chante.)

  Je croyais Janneton
  Aussi douce que belle,
  Je croyais Janneton
  Plus douce qu'un mouton :
  Hélas ! hélas ! elle est cent fois,

> *Mille fois plus cruelle,*
> *Que n'est le tigre aux bois.*

N'est-il pas joli ?

MAÎTRE DE MUSIQUE – Le plus joli du monde.

MAÎTRE À DANSER – Et vous le chantez bien.

M. JOURDAIN – C'est sans avoir appris la musique.

MAÎTRE DE MUSIQUE – Vous devriez l'apprendre, monsieu[r], comme vous faites la danse. Ce sont deux arts qui ont un[e] étroite liaison ensemble.

MAÎTRE À DANSER – Et qui ouvrent l'esprit d'un homme au[x] belles choses.

M. JOURDAIN – Est-ce que les gens de qualité apprennent aus[si] la musique ?

MAÎTRE DE MUSIQUE – Oui, monsieur.

M. JOURDAIN – Je l'apprendrai donc. Mais je ne sais qu[el] temps je pourrai prendre ; car, outre le Maître d'armes q[ui] me montre[1], j'ai arrêté[2] encore un Maître de philosophie, q[ui] doit commencer ce matin.

MAÎTRE DE MUSIQUE – La philosophie est quelque chose ; ma[is] la musique, monsieur, la musique.

MAÎTRE À DANSER – La musique et la danse… La musique et [la] danse, c'est là tout ce qu'il faut.

MAÎTRE DE MUSIQUE – Il n'y a rien qui soit si utile dans un É[tat] que la musique.

MAÎTRE À DANSER – Il n'y a rien qui soit si nécessaire a[ux] hommes que la danse.

MAÎTRE DE MUSIQUE – Sans la musique, un État ne peut su[b]sister.

Notes

1. montre : enseigne, instruit.   **2. arrêté :** engagé.

Le Bourgeois gentilhomme de Molière

MAÎTRE À DANSER – Sans la danse, un homme ne saurait rien faire.

MAÎTRE DE MUSIQUE – Tous les désordres, toutes les guerres qu'on voit dans le monde n'arrivent que pour n'apprendre pas la musique.

MAÎTRE À DANSER – Tous les malheurs des hommes, tous les revers[1] funestes[2] dont les histoires sont remplies, les bévues[3] des politiques et les manquements[4] des grands capitaines, tout cela n'est venu que faute de savoir danser.

M. JOURDAIN – Comment cela ?

MAÎTRE DE MUSIQUE – La guerre ne vient-elle pas d'un manque d'union entre les hommes ?

M. JOURDAIN – Cela est vrai.

MAÎTRE DE MUSIQUE – Et si tous les hommes apprenaient la musique, ne serait-ce pas le moyen de s'accorder ensemble, et de voir dans le monde la paix universelle ?

M. JOURDAIN – Vous avez raison.

MAÎTRE À DANSER – Lorsqu'un homme a commis un manquement dans sa conduite, soit aux affaires de sa famille, ou au gouvernement d'un État, ou au commandement d'une armée, ne dit-on pas toujours : « Un tel a fait un mauvais pas dans une telle affaire » ?

M. JOURDAIN – Oui, on dit cela.

MAÎTRE À DANSER – Et faire un mauvais pas peut-il procéder d'autre chose que de ne savoir pas danser ?

M. JOURDAIN – Cela est vrai, vous avez raison tous deux.

---

1. revers : coups du sort qui changent la destinée en mal.
2. funestes : qui apportent le malheur, la mort.

3. bévues : erreurs, étourderies dues à l'ignorance ou à l'inadvertance.
4. manquements : fautes.

MAÎTRE À DANSER – C'est pour vous faire voir l'excellence e[t]
l'utilité de la danse et de la musique.

M. JOURDAIN – Je comprends cela à cette heure.

MAÎTRE DE MUSIQUE – Voulez-vous voir nos deux affaires ?

M. JOURDAIN – Oui.

MAÎTRE DE MUSIQUE – Je vous l'ai déjà dit, c'est un petit essa[i]
que j'ai fait autrefois des diverses passions que peut exprime[r]
la musique.

M. JOURDAIN – Fort bien.

MAÎTRE DE MUSIQUE, *aux Musiciens* – Allons, avancez. *(À
M. Jourdain.)* Il faut vous figurer qu'ils sont habillés en berger[s.]

M. JOURDAIN – Pourquoi toujours des bergers ? On ne voit qu[e]
cela partout.

MAÎTRE À DANSER – Lorsqu'on a des personnes à faire parler e[n]
musique, il faut bien que, pour la vraisemblance, on donn[e]
dans la bergerie. Le chant a été de tout temps affecté aux be[r]-
gers ; et il n'est guère naturel en dialogue que des princes o[u]
des bourgeois chantent leurs passions.

M. JOURDAIN – Passe, passe. Voyons.

DIALOGUE
en musique

UNE MUSICIENNE ET DEUX MUSICIENS
Un cœur, dans l'amoureux empire[1],
De mille soins[2] *est toujours agité :*
On dit qu'avec plaisir on languit, on soupire ;
Mais, quoi qu'on puisse dire,
Il n'est rien de si doux que notre liberté.

Notes

1. **dans l'amoureux empire** : soumis à l'amour.

2. **soins** : soucis, tourments.

PREMIER MUSICIEN

Il n'est rien de si doux que les tendres ardeurs
Qui font vivre deux cœurs
Dans une même envie.
On ne peut être heureux sans amoureux désirs :
Ôtez l'amour de la vie,
Vous en ôtez les plaisirs.

SECOND MUSICIEN

Il serait doux d'entrer sous l'amoureuse loi,
Si l'on trouvait en amour de la foi[1] ;
Mais, hélas ! ô rigueur cruelle !
On ne voit point de bergère fidèle ;
Et ce sexe inconstant, trop indigne du jour,
Doit faire pour jamais renoncer à l'amour.

PREMIER MUSICIEN

Aimable ardeur.

MUSICIENNE

Franchise heureuse.

SECOND MUSICIEN

Sexe trompeur.

PREMIER MUSICIEN

Que tu m'es précieuse !

MUSICIENNE

Que tu plais à mon cœur !

SECOND MUSICIEN

Que tu me fais d'horreur !

PREMIER MUSICIEN

Ah ! quitte pour aimer cette haine mortelle.

MUSICIENNE

On peut, on peut te montrer

---

1. foi : fidélité.

Une bergère fidèle.

SECOND MUSICIEN
Hélas ! où la rencontrer ?

MUSICIENNE
180 *Pour défendre notre gloire,*
Je te veux offrir mon cœur.

SECOND MUSICIEN
Mais, Bergère, puis-je croire
Qu'il ne sera point trompeur ?

MUSICIENNE
185 *Voyons par expérience*
Qui des deux aimera mieux.

SECOND MUSICIEN
Qui manquera de constance,
Le puissent perdre les dieux[1] !

TOUS TROIS
À des ardeurs si belles
Laissons-nous enflammer :
190 *Ah ! qu'il est doux d'aimer,*
Quand deux cœurs sont fidèles !

M. JOURDAIN – Est-ce tout ?

MAÎTRE DE MUSIQUE – Oui.

M. JOURDAIN – Je trouve cela bien troussé[2], et il y a là-dedans
195 de petits dictons assez jolis.

MAÎTRE À DANSER – Voici, pour mon affaire, un petit essai des
plus beaux mouvements, des plus belles attitudes dont une
danse puisse être variée.

M. JOURDAIN – Sont-ce encore des bergers ?

Notes

1. **qui manquera [...] dieux !** : que les
dieux punissent celui qui manquera de
constance !
2. **bien troussé** : bien tourné.

24 | *Le Bourgeois gentilhomme* de Molière

MAÎTRE À DANSER – C'est ce qu'il vous plaira. Allons.

(Quatre danseurs exécutent tous les mouvements différents et toutes les sortes de pas que le Maître à danser leur commande; et cette danse fait le premier intermède.)

Au fil du texte

Questions sur l'acte I, scène 2 (pages 17 à 25)

AVEZ-VOUS BIEN LU ?

1 Quels personnages arrivent sur scène ?

2 Donnez un titre à chacun des trois mouvements* de la scène : l. 1-97, l. 98-136, l. 137 à la fin.

mouvements : différentes parties suivant lesquelles un text s'organise.

3 Quelles sont les préoccupations essentielles de M. Jourdain jusqu'à la ligne 42 ? Que révèlent-elles de la personnalité du bourgeois ?

4 Quels sont les défauts de M. Jourdain dans l'ensemble de la scène Justifiez votre réponse en citant le texte.

ÉTUDIER LE DISCOURS

5 À partir de quel moment M. Jourdain ne prend-il presque plus parole ? Pourquoi ?

6 Relevez, à partir de la ligne 102, les constructions parallèles dans le répliques des maîtres. Quel est l'effet de ces échos sur M. Jourdain sur le spectateur ?

7 De quoi les maîtres veulent-ils persuader M. Jourdain ? Pensez-vous que leurs arguments* soient justes ? Justifiez votre réponse.

*argument : preuve utilisée pour défendre un point de vue.

8 Quels procédés les deux hommes utilisent-ils pour tenter d'être convaincants ?

Le Bourgeois gentilhomme de Molière

ÉTUDIER LE VOCABULAIRE

9 Relevez, dans le premier mouvement de la scène, d'une part les expressions qui montrent que les maîtres sont au service de M. Jourdain, d'autre part les compliments qu'ils lui font. Sont-ils sincères? Quel est donc leur but?

10 Quel est le «modèle» de M. Jourdain, d'après les lignes 23-24? à quelle ligne évoque-t-il à nouveau ce modèle? Justifiez donc le titre de la pièce.

ÉTUDIER LA GRAMMAIRE : RÉVISER LES FORMES DE PHRASES

1 Retrouvez, entre les lignes 83 et 97, deux phrases verbales, et deux phrases non verbales que vous transformerez en phrases verbales. Pourquoi les interlocuteurs utilisent-ils ces phrases non verbales?

2 Dans la même partie du dialogue, retrouvez une phrase négative. Quelle remarque pouvez-vous faire sur sa construction?

3 Après l'avoir repérée, transformez la phrase interrogative de ce passage en phrase interro-négative.

ÉTUDIER UN GENRE

4 Relevez et classez les didascalies* de cette scène selon leur fonction.

5 En quoi cette scène est-elle comique?

> *didascalies : indications données par l'auteur concernant le décor, le ton, les déplacements, les gestes des personnages...

Les formes de comique

On distingue traditionnellement plusieurs formes de comiques, appelées aussi «ressorts comiques» : comique de gestes, de mots, de situation, de caractère, de contraste, de répétition; ces divers ressorts peuvent se combiner au sein d'une même scène.

Acte II

SCÈNE 1

M. Jourdain, Maître de musique, Maître à danser, laquais

M. Jourdain – Voilà qui n'est point sot, et ces gens-là se trémoussent[1] bien.

Maître de musique – Lorsque la danse sera mêlée avec la musique, cela fera plus d'effet encore, et vous verrez quelque chose de galant dans le petit ballet que nous avons ajusté pour vous.

M. Jourdain – C'est pour tantôt[2] au moins ; et la personne pour qui j'ai fait faire tout cela me doit faire l'honneur de venir dîner[3] céans[4].

Maître à danser – Tout est prêt.

Maître de musique – Au reste, monsieur, ce n'est pas assez il faut qu'une personne comme vous, qui êtes magnifique[5] e

---

Notes

1. **se trémoussent** : s'agitent avec de petits mouvements rapides et irréguliers.
2. **tantôt** : bientôt, tout à l'heure.
3. **dîner** : au xviie s., le dîner correspond à notre déjeuner ; le repas du soir s'appelle « le souper ».
4. **céans** : ici, à la maison.
5. **magnifique** : qui dépensez sans compter.

28 | *Le Bourgeois gentilhomme* de Molière

qui avez de l'inclination[1] pour les belles choses, ait un concert de musique chez soi tous les mercredis ou tous les jeudis.

15 M. JOURDAIN – Est-ce que les gens de qualité en ont ?

MAÎTRE DE MUSIQUE – Oui, monsieur.

M. JOURDAIN – J'en aurai donc. Cela sera-t-il beau ?

MAÎTRE DE MUSIQUE – Sans doute. Il vous faudra trois voix : un dessus, une haute-contre, et une basse, qui seront accom-
20 pagnées d'une basse de viole, d'un théorbe, et d'un clavecin pour les basses continues, avec deux dessus de violon pour jouer les ritournelles[2].

M. JOURDAIN – Il y faudra mettre aussi une trompette marine[3]. La trompette marine est un instrument qui me plaît, et qui
25 est harmonieux.

MAÎTRE DE MUSIQUE – Laissez-nous gouverner les choses.

M. JOURDAIN – Au moins n'oubliez pas tantôt de m'envoyer des musiciens, pour chanter à table.

MAÎTRE DE MUSIQUE – Vous aurez tout ce qu'il vous faut.

30 M. JOURDAIN – Mais surtout, que le ballet soit beau.

MAÎTRE DE MUSIQUE – Vous en serez content, et, entre autres choses, de certains menuets[4] que vous y verrez.

M. JOURDAIN – Ah ! les menuets sont ma danse, et je veux que vous me les voyiez danser. Allons, mon maître.

Notes

1. **inclination** : penchant, goût prononcé.
2. **un dessus [...] ritournelles** : suite de termes techniques que l'on peut transcrire ainsi : un dessus, un ténor ; une haute-contre, un soprano ; une basse de viole, un grand violon à sept cordes ; un théorbe, une sorte de luth à six cordes ou plus, ancêtre de la guitare ; des basses continues, suites d'accords qui soutiennent le chant ; un clavecin, un instrument à clavier, ancêtre du piano ; des dessus de violon, des violons au timbre le plus aigu ; les ritournelles, petits motifs musicaux qui précédaient ou suivaient les morceaux chantés.
3. **trompette marine** : sorte de mandoline à une seule corde qui produit une espèce de ronflement.
4. **menuets** : danses à trois temps, graves et gracieuses.

Acte II, Scène 1 | 29

MAÎTRE À DANSER – Un chapeau, monsieur, s'il vous plaît. La, la, la ; La, la, la, la, la, la ; La, la, la, *bis* ; La, la, la ; La, la. En cadence, s'il vous plaît. La, la, la, la. La jambe droite. La, la, la. Ne remuez point tant les épaules. La, la, la, la, la ; La, la, la, la, la. Vos deux bras sont estropiés. La, la, la, la, la. Haussez la tête. Tournez la pointe du pied en dehors. La, la, la. Dressez votre corps.

M. JOURDAIN – Euh ?

MAÎTRE DE MUSIQUE – Voilà qui est le mieux du monde.

M. JOURDAIN – À propos. Apprenez-moi comme il faut faire une révérence pour saluer une marquise : j'en aurai besoin tantôt.

MAÎTRE À DANSER – Une révérence pour saluer une marquise ?

M. JOURDAIN – Oui : une marquise qui s'appelle Dorimène.

MAÎTRE À DANSER – Donnez-moi la main.

M. JOURDAIN – Non. Vous n'avez qu'à faire : je le retiendrai bien.

MAÎTRE À DANSER – Si vous voulez la saluer avec beaucoup de respect, il faut faire d'abord une révérence en arrière, puis marcher vers elle avec trois révérences en avant, et à la dernière vous baisser jusqu'à ses genoux.

M. JOURDAIN – Faites un peu. Bon.

PREMIER LAQUAIS – Monsieur, voilà votre maître d'armes qui est là.

M. JOURDAIN – Dis-lui qu'il entre ici pour me donner leçon. Je veux que vous me voyiez faire.

SCÈNE 2

MAÎTRE D'ARMES, MAÎTRE DE MUSIQUE,
MAÎTRE À DANSER, M. JOURDAIN, DEUX LAQUAIS

MAÎTRE D'ARMES, *après lui avoir mis le fleuret à la main.* – Allons,
monsieur, la révérence[1]. Votre corps droit. Un peu penché sur
la cuisse gauche. Les jambes point tant écartées. Vos pieds sur
une même ligne. Votre poignet à l'opposite[2] de votre hanche.
La pointe de votre épée vis-à-vis de votre épaule. Le bras pas
tout à fait si étendu. La main gauche à la hauteur de l'œil.
L'épaule gauche plus quartée[3]. La tête droite. Le regard assuré.
Avancez. Le corps ferme. Touchez-moi l'épée de quarte[4], et
achevez de même. Une, deux. Remettez-vous. Redoublez[5] de
pied ferme. Un saut en arrière. Quand vous portez la botte[6],
monsieur, il faut que l'épée parte la première, et que le corps
soit bien effacé. Une, deux. Allons, touchez-moi l'épée de
tierce, et achevez de même. Avancez. Le corps ferme. Avancez. Partez de là. Une, deux. Remettez-vous. Redoublez. Un
saut en arrière. En garde, monsieur, en garde.

*(Le Maître d'armes lui pousse deux ou trois bottes, en lui disant :
« En garde. »)*

M. JOURDAIN – Euh ?

MAÎTRE DE MUSIQUE – Vous faites des merveilles.

MAÎTRE D'ARMES – Je vous l'ai déjà dit, tout le secret des
armes ne consiste qu'en deux choses, à donner, et à ne point

---

1. révérence : salut aux armes, différent
de la marque de respect.
2. à l'opposite : à la hauteur.
3. quartée : effacée, comme doit
être l'épaule gauche dans la position
de quarte.

4. quarte, tierce : manières d'attaquer
différentes par la position de la main
et du fleuret.
5. Redoublez : recommencez.
6. botte : coup de fleuret ou d'épée.

recevoir; et comme je vous fis voir l'autre jour par raiso[n] démonstrative[1], il est impossible que vous receviez, si vou[s] savez détourner l'épée de votre ennemi de la ligne de votr[e]
25 corps : ce qui ne dépend seulement que d'un petit mouvemen[t] du poignet ou en dedans, ou en dehors.

M. JOURDAIN – De cette façon donc, un homme, sans avoir d[u] cœur[2], est sûr de tuer son homme, et de n'être point tué ?

MAÎTRE D'ARMES – Sans doute. N'en vîtes-vous pas la démons[-]
30 tration ?

M. JOURDAIN – Oui.

MAÎTRE D'ARMES – Et c'est en quoi l'on voit de quelle considé[-] ration, nous autres, nous devons être dans un État, et combie[n] la science des armes l'emporte hautement sur toutes les autre[s]
35 sciences inutiles, comme la danse, la musique, la…

MAÎTRE À DANSER – Tout beau[3], monsieur le tireur d'armes[,] ne parlez de la danse qu'avec respect.

MAÎTRE DE MUSIQUE – Apprenez, je vous prie, à mieux traite[r] l'excellence de la musique.

40 MAÎTRE D'ARMES – Vous êtes de plaisantes gens, de vouloi[r] comparer vos sciences à la mienne !

MAÎTRE DE MUSIQUE – Voyez un peu l'homme d'importance[!]

MAÎTRE À DANSER – Voilà un plaisant animal, avec son plas[-] tron[4] !

45 MAÎTRE D'ARMES – Mon petit maître à danser, je vous fera[i] danser comme il faut. Et vous, mon petit musicien, je vou[s] ferais chanter de la belle manière.

Notes

1. raison démonstrative : en rhétorique (art de bien s'exprimer), raisonnement qui prouve avec évidence.
2. cœur : courage.

3. Tout beau : tout doucement.
4. plastron : pièce de cuir rembourrée qu[e] les escrimeurs portent sur la poitrine.

32 | *Le Bourgeois gentilhomme* de Molière

MAÎTRE À DANSER – Monsieur le batteur de fer[1], je vous apprendrai votre métier.

M. JOURDAIN, *au Maître à danser.* – Êtes-vous fou de l'aller quereller, lui qui entend la tierce et la quarte, et qui sait tuer un homme par raison démonstrative ?

MAÎTRE À DANSER – Je me moque de sa raison démonstrative, et de sa tierce et de sa quarte.

M. JOURDAIN – Tout doux, vous dis-je.

MAÎTRE D'ARMES – Comment ? petit impertinent.

M. JOURDAIN – Eh ! mon Maître d'armes.

MAÎTRE À DANSER – Comment ? grand cheval de carrosse[2].

M. JOURDAIN – Eh ! mon Maître à danser.

MAÎTRE D'ARMES – Si je me jette sur vous…

M. JOURDAIN – Doucement.

MAÎTRE À DANSER – Si je mets sur vous la main…

M. JOURDAIN – Tout beau.

MAÎTRE D'ARMES – Je vous étrillerai[3] d'un air…

M. JOURDAIN – De grâce !

MAÎTRE À DANSER – Je vous rosserai d'une manière…

M. JOURDAIN – Je vous prie.

MAÎTRE DE MUSIQUE – Laissez-nous un peu lui apprendre à parler.

M. JOURDAIN – Mon Dieu ! arrêtez-vous.

---

1. **batteur de fer** : ferrailleur.
2. **cheval de carrosse** : brutal et lourd comme un cheval de trait.

3. **étrillerai** : battrai.

Acte II, Scène 2 | 33

SCÈNE 3

MAÎTRE DE PHILOSOPHIE, MAÎTRE DE MUSIQUE,
MAÎTRE À DANSER, MAÎTRE D'ARMES, M. JOURDAIN, LAQUAIS

1 M. JOURDAIN – Holà, monsieur le philosophe, vous arrivez tou
à propos avec votre philosophie. Venez un peu mettre la pai>
entre ces personnes-ci.

MAÎTRE DE PHILOSOPHIE – Qu'est-ce donc? qu'y a-t-il, mes-
5 sieurs?

M. JOURDAIN – Ils se sont mis en colère pour la préférence[1] d<
leurs professions, jusqu'à se dire des injures, et vouloir er
venir aux mains.

MAÎTRE DE PHILOSOPHIE – Hé quoi? messieurs, faut-il s'empor-
10 ter de la sorte? et n'avez-vous point lu le docte[2] traité que
Sénèque[3] a composé de la colère? Y a-t-il rien de plus bas e
de plus honteux que cette passion, qui fait d'un homme une
bête féroce? et la raison ne doit-elle pas être maîtresse de tou
nos mouvements?

15 MAÎTRE À DANSER – Comment, monsieur, il vient nous dire
des injures à tous deux, en méprisant la danse que j'exerce, e
la musique dont il fait profession?

MAÎTRE DE PHILOSOPHIE – Un homme sage est au-dessus d<
toutes les injures[4] qu'on lui peut dire, et la grande répons<
20 qu'on doit faire aux outrages[5], c'est la modération et la patience

MAÎTRE D'ARMES – Ils ont tous deux l'audace de vouloir comparer leurs professions à la mienne.

Notes

1. **préférence** : supériorité.
2. **docte** : savant.
3. **Sénèque** : philosophe de l'Antiquité romaine (vers 4 av. J.-C.–65 ap. J.-C.),

auteur, entre autres ouvrages, de *De ira* (*Sur la colère*).
4. **injures** : offenses graves et délibérées.
5. **outrages** : offenses ou injures extrêmement graves.

34 | *Le Bourgeois gentilhomme* de Molière

MAÎTRE DE PHILOSOPHIE – Faut-il que cela vous émeuve? Ce
n'est pas de vaine gloire et de condition que les hommes
25   doivent disputer[1] entre eux; et ce qui nous distingue parfaitement les uns des autres, c'est la sagesse et la vertu.

MAÎTRE À DANSER – Je lui soutiens que la danse est une science
à laquelle on ne peut faire assez d'honneur.

MAÎTRE DE MUSIQUE – Et moi, que la musique en est une que
30   tous les siècles ont révérée[2].

MAÎTRE D'ARMES – Et moi, je leur soutiens à tous deux que la
science de tirer des armes est la plus belle et la plus nécessaire
de toutes les sciences.

MAÎTRE DE PHILOSOPHIE – Et que sera donc la philosophie? Je
35   vous trouve tous trois bien impertinents de parler devant moi
avec cette arrogance, et de donner impudemment le nom de
science à des choses que l'on ne doit pas même honorer du
nom d'art, et qui ne peuvent être comprises que sous le nom
de métier misérable de gladiateur, de chanteur et de baladin[3]!

40 MAÎTRE D'ARMES – Allez, philosophe de chien.

MAÎTRE DE MUSIQUE – Allez, bélître[4] de pédant.

MAÎTRE À DANSER – Allez, cuistre[5] fieffé[6].

MAÎTRE DE PHILOSOPHIE – Comment? marauds[7] que vous
êtes...

45 *(Le Philosophe se jette sur eux, et tous trois le chargent de coups, et
sortent en se battant.)*

M. JOURDAIN – Monsieur le Philosophe!

MAÎTRE DE PHILOSOPHIE – Infâmes! coquins! insolents!

Notes

1. **disputer** : discuter.
2. **révérée** : honorée.
3. **baladin** : danseur (terme méprisant).
4. **bélître** : homme de rien, coquin.
5. **cuistre** : pédant, vaniteux et ridicule.

6. **fieffé** : qui possède un défaut au plus
haut degré, dont il est esclave comme
d'un fief.
7. **marauds** : canailles.

Acte II, Scène 3

M. JOURDAIN – Monsieur le Philosophe!

50 MAÎTRE D'ARMES – La peste l'animal[1]!

M. JOURDAIN – Messieurs!

MAÎTRE DE PHILOSOPHIE – Impudents[2]!

M. JOURDAIN – Monsieur le Philosophe!

MAÎTRE À DANSER – Diantre soit de l'âne bâté[3]!

55 M. JOURDAIN – Messieurs!

MAÎTRE DE PHILOSOPHIE – Scélérats!

M. JOURDAIN – Monsieur le Philosophe!

MAÎTRE DE MUSIQUE – Au diable l'impertinent!

M. JOURDAIN – Messieurs!

60 MAÎTRE DE PHILOSOPHIE – Fripons! gueux! traîtres! impos-
teurs!

(Ils sortent.)

M. JOURDAIN – Monsieur le Philosophe, messieurs, monsieur le
Philosophe, messieurs, monsieur le Philosophe! Oh! battez-
65 vous tant qu'il vous plaira : je n'y saurais que faire, et n'irai pas
gâter ma robe pour vous séparer. Je serais bien fou de m'aller
fourrer parmi eux, pour recevoir quelque coup qui me ferait
mal.

Notes

1. La peste l'animal! : que la peste
emporte l'animal!

2. Impudents : effrontés, impertinents.

3. Diantre soit de l'âne bâté! : qu'aille au
diable l'âne ignorant (sot)!

36 | *Le Bourgeois gentilhomme* de Molière

Au fil du texte

Questions sur l'acte II, scènes 1 à 3 (pages 28 à 36)

AVEZ-VOUS BIEN LU ?

Quels personnages ont quitté la scène entre le premier et le deuxième acte ?

Quelles leçons M. Jourdain prend-il ?

Les Maîtres de musique et de danse sont utiles à M. Jourdain pour quatre raisons. Lesquelles ?

Quel est le « secret » de M. Jourdain ?

M. Jourdain prononce, à la scène 2, une phrase qui révèle la raison pour laquelle il a un Maître d'armes. Relevez-la. Quel trait de caractère du personnage est ainsi mis en évidence ?

ÉTUDIER LE DISCOURS ET LE GENRE

Dans la scène 2, qui s'oppose à qui ? Et dans la scène 3 ?

Comment les deux disputes naissent-elles ? Comment se développent-elles ?

M. Jourdain intervient-il dans ces deux querelles ?

Pour quelles raisons la scène 3 est-elle comique ?

ÉTUDIER LE VOCABULAIRE

Relevez les verbes utilisés par les personnages entre les lignes 60 et 66 de la scène 2. à quel champ lexical* appartiennent-ils ? Que révèlent-ils des personnages qui les utilisent ?

*champ lexical : ensemble des mots et expressions se rapportant à un même thème.

Questionnaire | 37

11 Recherchez la signification du mot *philosophie,* en ayant recours à l'étymologie*. Le comportement du Maître de philosophie est-il conforme à cette définition, au début de la scène 3 ? Et dans la suite de cette scène ? Justifiez vos réponses.

> ***étymologie :** origine d'un mot dans son état le plus anciennement connu.*

ÉTUDIER LA GRAMMAIRE

12 Dans la scène 2, des lignes 1 à 15, à quels modes sont les phrases verbales ? Quel est le type de phrases utilisé ?

13 Dans la même scène, relevez deux phrases interrogatives et deux phrases exclamatives. Indiquez, chaque fois, le sentiment qu'elles expriment.

14 Quel quatrième type de phrase connaissez-vous ? Donnez-en un exemple dans le même passage.

À VOS PLUMES... À VOS PINCEAUX !

15 Imaginez une situation où trois ou quatre personnes réunies pour une cause commune se mettent à se quereller. Exposez clairement l'enjeu de leur réunion (collaboration, jeu, sport...), puis racontez la querelle elle-même et, pour finir, son résultat. Vous pourrez faire dialoguer les personnages et vous utiliserez différents types de phrases.

16 Recherchez, dans des bandes dessinées, des représentations de disputes. Puis, en vous en inspirant, représentez la scène 3. Vous dessinerez quatre à six vignettes et intégrerez, dans les bulles, les passages du texte qui vous semblent les plus expressifs.

38 | *Le Bourgeois gentilhomme* de Molière

SCÈNE 4

MAÎTRE DE PHILOSOPHIE, M. JOURDAIN

MAÎTRE DE PHILOSOPHIE, *en raccommodant son collet*[1]. – Venons à notre leçon.

M. JOURDAIN – Ah! monsieur, je suis fâché des coups qu'ils vous ont donnés.

MAÎTRE DE PHILOSOPHIE – Cela n'est rien. Un philosophe sait recevoir comme il faut les choses, et je vais composer contre eux une satire du style de Juvénal[2], qui les déchirera de la belle façon. Laissons cela. Que voulez-vous apprendre?

M. JOURDAIN – Tout ce que je pourrai, car j'ai toutes les envies du monde d'être savant; et j'enrage que mon père et ma mère ne m'aient pas fait bien étudier dans toutes les sciences, quand j'étais jeune.

MAÎTRE DE PHILOSOPHIE – Ce sentiment est raisonnable : *Nam sine doctrina vita est quasi mortis imago*. Vous entendez[3] cela, et vous savez le latin sans doute?

M. JOURDAIN – Oui, mais faites comme si je ne le savais pas : expliquez-moi ce que cela veut dire.

MAÎTRE DE PHILOSOPHIE – Cela veut dire que *Sans la science, la vie est presque une image de la mort.*

M. JOURDAIN – Ce latin-là a raison.

MAÎTRE DE PHILOSOPHIE – N'avez-vous point quelques principes, quelques commencements des sciences?

M. JOURDAIN – Oh! oui, je sais lire et écrire.

Notes

1. **collet** : rabat de toile blanche que l'on mettait sur le col du pourpoint.

2. **Juvénal** : poète latin (vers 60 ap. J.-C.– vers 130 ap. J.-C.), auteur de seize satires.
3. **entendez** : comprenez.

Acte II, Scène 4 | 39

MAÎTRE DE PHILOSOPHIE – Par où vous plaît-il que nous com-
25 mencions ? Voulez-vous que je vous apprenne la logique[1] ?

M. JOURDAIN – Qu'est-ce que c'est que cette logique ?

MAÎTRE DE PHILOSOPHIE – C'est elle qui enseigne les trois opérations de l'esprit.

M. JOURDAIN – Qui[2] sont-elles, ces trois opérations de l'esprit

30 MAÎTRE DE PHILOSOPHIE – La première, la seconde et la troisième. La première est de bien concevoir par le moyen de
universaux[3]. La seconde, de bien juger par le moyen des catégories[4], et la troisième de bien tirer une conséquence par le
moyen des figures[5] *Barbara, Celarent, Darii, Ferio, Baralipton*[6]
35 etc.

M. JOURDAIN – Voilà des mots qui sont trop rébarbatifs. Cette
logique-là ne me revient point. Apprenons autre chose qu
soit plus joli.

MAÎTRE DE PHILOSOPHIE – Voulez-vous apprendre la morale ?

40 M. JOURDAIN – La morale ?

MAÎTRE DE PHILOSOPHIE – Oui.

M. JOURDAIN – Qu'est-ce qu'elle dit cette morale ?

MAÎTRE DE PHILOSOPHIE – Elle traite de la félicité[7], enseigne
aux hommes à modérer leurs passions, et…

Notes

1. **logique :** partie de la philosophie qui apprend à raisonner.
2. **Qui :** quelles.
3. **universaux :** caractères communs à plusieurs choses.
4. **catégories :** les dix classes selon lesquelles se répartissent les êtres : substance, quantité, qualité, relation, lien, temps, situation, avoir, agir, pâtir.

Répartition faite par Aristote, philosophe grec (vers 384 av. J.-C.–vers 322 av. J.-C.)
5. **figures :** ordre des trois termes dont est formé le raisonnement appelé « syllogisme ».
6. **Barbara [...] Baralipton :** formules mnémotechniques (procédé qui utilise l'association d'idées pour retenir quelque chose) destinées à rappeler les principales dispositions du raisonnement.
7. **félicité :** bonheur.

Le Bourgeois gentilhomme de Molière

45 M. JOURDAIN – Non, laissons cela. Je suis bilieux[1] comme tous les diables ; et il n'y a morale qui tienne, je me veux mettre en colère tout mon soûl, quand il m'en prend envie.

MAÎTRE DE PHILOSOPHIE – Est-ce la physique[2] que vous voulez apprendre ?

50 M. JOURDAIN – Qu'est-ce qu'elle chante cette physique ?

MAÎTRE DE PHILOSOPHIE – La physique est celle qui explique les principes des choses naturelles et les propriétés du corps ; qui discourt de la nature des éléments, des métaux, des minéraux, des pierres, des plantes et des animaux, et nous enseigne les
55 causes de tous les météores, l'arc-en-ciel, les feux volants[3], les comètes, les éclairs, le tonnerre, la foudre, la pluie, la neige, la grêle, les vents et les tourbillons[4].

M. JOURDAIN – Il y a trop de tintamarre là-dedans, trop de brouillamini[5].

60 MAÎTRE DE PHILOSOPHIE – Que voulez-vous donc que je vous apprenne ?

M. JOURDAIN – Apprenez-moi l'orthographe.

MAÎTRE DE PHILOSOPHIE – Très volontiers.

M. JOURDAIN – Après, vous m'apprendrez l'almanach, pour
65 savoir quand il y a de la lune et quand il n'y en a point.

MAÎTRE DE PHILOSOPHIE – Soit. Pour bien suivre votre pensée et traiter cette matière en philosophe, il faut commencer selon l'ordre des choses, par une exacte connaissance de la nature des lettres, et de la différente manière de les prononcer
70 toutes. Et là-dessus j'ai à vous dire que les lettres sont divisées en voyelles, ainsi dites voyelles parce qu'elles expriment les

---

Notes

1. **bilieux** : coléreux.
2. **physique** : au XVIIe siècle, ce terme englobe la connaissance de toute la nature matérielle (physique, chimie, astronomie, botanique, etc.).
3. **feux volants** : feux follets.
4. **tourbillons** : tempêtes.
5. **brouillamini** : confusion.

Acte II, Scène 4 | 41

voix[1], et en consonnes, ainsi appelées consonnes parce qu'elles sonnent avec les voyelles, et ne font que marquer les diverses articulations des voix. Il y a cinq voyelles ou voix : A, E, I, O, U.

M. JOURDAIN – J'entends tout cela.

MAÎTRE DE PHILOSOPHIE – La voix A se forme en ouvrant fort la bouche : A[2].

M. JOURDAIN – A, A. Oui.

MAÎTRE DE PHILOSOPHIE – La voix E se forme en rapprochant la mâchoire d'en bas de celle d'en haut : A, E.

M. JOURDAIN – A, E, A, E. Ma foi! oui. Ah! que cela est beau.

MAÎTRE DE PHILOSOPHIE – Et la voix I en rapprochant encore davantage les mâchoires l'une de l'autre, et écartant les deux coins de la bouche vers les oreilles : A, E, I.

M. JOURDAIN – A, E, I, I, I, I. Cela est vrai. Vive la science!

MAÎTRE DE PHILOSOPHIE – La voix O se forme en rouvrant les mâchoires, et rapprochant les lèvres par les deux coins, le haut et le bas : O.

M. JOURDAIN – O, O. Il n'y a rien de plus juste. A, E, I, O, I, O. Cela est admirable! I, O, I, O.

MAÎTRE DE PHILOSOPHIE – L'ouverture de la bouche fait justement comme un petit rond qui représente un O.

M. JOURDAIN – O, O, O. Vous avez raison. O. Ah! la belle chose que de savoir quelque chose!

MAÎTRE DE PHILOSOPHIE – La voix U se forme en rapprochant les dents sans les joindre entièrement, et allongeant les deux lèvres en dehors, les approchant aussi l'une de l'autre sans les joindre tout à fait : U.

Notes

1. **voix** : sons.
2. **A** : toutes les explications qui suivent, concernant les lettres, sont inspirées du

Discours physique de la parole, traité de phonétique publié par M. de Cordemoy, en 1668.

42 | *Le Bourgeois gentilhomme* de Molière

M. JOURDAIN – U, U. Il n'y a rien de plus véritable : U.

MAÎTRE DE PHILOSOPHIE – Vos deux lèvres s'allongent comme si vous faisiez la moue : d'où vient que si vous la voulez faire à quelqu'un, et vous moquer de lui, vous ne sauriez lui dire que : U.

M. JOURDAIN – U, U. Cela est vrai. Ah! que n'ai-je étudié plus tôt, pour savoir tout cela?

MAÎTRE DE PHILOSOPHIE – Demain, nous verrons les autres lettres, qui sont les consonnes.

M. JOURDAIN – Est-ce qu'il y a des choses aussi curieuses qu'à celles-ci?

MAÎTRE DE PHILOSOPHIE – Sans doute. La consonne D, par exemple, se prononce en donnant du bout de la langue au-dessus des dents d'en haut! Da.

M. JOURDAIN – Da, Da. Oui. Ah! les belles choses! les belles choses!

MAÎTRE DE PHILOSOPHIE – L'F en appuyant les dents d'en haut sur la lèvre de dessous : Fa.

M. JOURDAIN – Fa, Fa. C'est la vérité. Ah! mon père et ma mère, que je vous veux de mal!

MAÎTRE DE PHILOSOPHIE – Et l'R, en portant le bout de la langue jusqu'au haut du palais, de sorte qu'étant frôlée par l'air qui sort avec force, elle lui cède, et revient toujours au même endroit, faisant une manière de tremblement : Rra.

M. JOURDAIN – R, r, ra, R, r, r, r, r, ra. Cela est vrai. Ah! l'habile homme que vous êtes! et que j'ai perdu de temps! R, r, r, ra.

MAÎTRE DE PHILOSOPHIE – Je vous expliquerai à fond toutes ces curiosités.

M. JOURDAIN – Je vous en prie. Au reste, il faut que je vous fasse une confidence. Je suis amoureux d'une personne de grande qualité, et je souhaiterais que vous m'aidassiez à lui

écrire quelque chose dans un petit billet que je veux laisse
tomber à ses pieds.

MAÎTRE DE PHILOSOPHIE – Fort bien.

135 M. JOURDAIN – Cela sera galant, oui?

MAÎTRE DE PHILOSOPHIE – Sans doute. Sont-ce des vers qu
vous lui voulez écrire?

M. JOURDAIN – Non, non, point de vers.

MAÎTRE DE PHILOSOPHIE – Vous ne voulez que de la prose?

140 M. JOURDAIN – Non, je ne veux ni prose ni vers.

MAÎTRE DE PHILOSOPHIE – Il faut bien que ce soit l'un ou l'autre

M. JOURDAIN – Pourquoi?

MAÎTRE DE PHILOSOPHIE – Par la raison, monsieur, qu'il n'y
pour s'exprimer que la prose ou les vers.

145 M. JOURDAIN – Il n'y a que la prose ou les vers?

MAÎTRE DE PHILOSOPHIE – Non[1], monsieur : tout ce qui n'e
point prose est vers; et tout ce qui n'est point vers est prose.

M. JOURDAIN – Et comme l'on parle, qu'est-ce que c'est don
que cela?

150 MAÎTRE DE PHILOSOPHIE – De la prose.

M. JOURDAIN – Quoi! quand je dis : «Nicole apportez-mo
mes pantoufles et me donnez mon bonnet de nuit», c'est d
la prose?

MAÎTRE DE PHILOSOPHIE – Oui, monsieur.

155 M. JOURDAIN – Par ma foi! il y a plus de quarante ans qu
je dis de la prose sans que j'en susse rien, et je vous suis l
plus obligé du monde de m'avoir appris cela. Je voudrais don
lui mettre dans un billet : *Belle marquise, vos beaux yeux m
font mourir d'amour*; mais je voudrais que cela fût mis d'un
160 manière galante, que cela fût tourné gentiment[2].

Notes

1. **Non** : on attendrait plutôt «oui».   2. **gentiment** : joliment.

44 | *Le Bourgeois gentilhomme* de Molière

MAÎTRE DE PHILOSOPHIE – Mettre que les feux de ses yeux réduisent votre cœur en cendres ; que vous souffrez nuit et jour pour elle les violences d'un…

M. JOURDAIN – Non, non, non, je ne veux point tout cela ; je ne veux que ce que je vous ai dit : *Belle marquise, vos beaux yeux me font mourir d'amour.*

MAÎTRE DE PHILOSOPHIE – Il faut bien étendre un peu la chose.

M. JOURDAIN – Non, vous dis-je, je ne veux que ces seules paroles-là dans le billet ; mais tournées à la mode, bien arrangées comme il faut. Je vous prie de me dire un peu, pour voir, les diverses manières dont on les peut mettre.

MAÎTRE DE PHILOSOPHIE – On les peut mettre premièrement comme vous avez dit : *Belle marquise, vos beaux yeux me font mourir d'amour.* Ou bien : *D'amour mourir me font, belle marquise, vos beaux yeux.* Ou bien : *Vos yeux beaux d'amour me font, belle marquise, mourir.* Ou bien : *Mourir vos beaux yeux, belle marquise, d'amour me font.* Ou bien : *Me font vos yeux beaux mourir, belle marquise, d'amour.*

M. JOURDAIN – Mais de toutes ces façons-là, laquelle est la meilleure ?

MAÎTRE DE PHILOSOPHIE – Celle que vous avez dite : *Belle marquise, vos beaux yeux me font mourir d'amour.*

M. JOURDAIN – Cependant je n'ai point étudié, et j'ai fait cela tout du premier coup. Je vous remercie de tout mon cœur, et vous prie de venir demain de bonne heure.

MAÎTRE DE PHILOSOPHIE – Je n'y manquerai pas.

M. JOURDAIN, *à son laquais*. – Comment ? mon habit n'est point encore arrivé ?

SECOND LAQUAIS – Non, monsieur.

190 M. JOURDAIN – Ce maudit tailleur me fait bien attendre pour un jour où j'ai tant d'affaires. J'enrage. Que la fièvre quartaine[1] puisse serrer[2] bien fort le bourreau de tailleur! Au diable le tailleur! La peste étouffe le tailleur! Si je le tenais maintenant, ce tailleur détestable, ce chien de tailleur-là, ce
195 traître de tailleur, je...

La leçon de philosophie. Michel Galabru et Jean-Pierre Darras dans une mise en scène de Roger Coggio (1982).

Notes

1. **fièvre quartaine** : fièvre intermittente qui revient tous les trois jours.

2. **serrer** : attaquer.

46 | *Le Bourgeois gentilhomme* de Molière

Au fil du texte

Questions sur l'acte II, scène 4 (pages 39 à 46)

Avez-vous bien lu ?

1 Quels personnages ont quitté la scène ? Qui reste en scène ? Pourquoi ?

2 La scène se déroule en cinq temps. Donnez un titre à chacun des mouvements suivants : l. 1 à 23, l. 24 à 59, l. 60 à 127, l. 128 à 186, l. 187 à la fin.

3 Quels sont les trois enseignements que le Maître de philosophie propose successivement ? Pour quelle raison M. Jourdain les refuse-t-il l'un après l'autre ?

4 Que décide-t-il finalement d'étudier ? En fait, que lui enseigne le Maître de philosophie ?

5 Dans la dernière partie de la scène, quelle confidence fait M. Jourdain ? Dans quelle scène M. Jourdain avait-il déjà évoqué ce « secret » ?

Étudier le discours et le genre

La construction du discours

Mouvements : différentes parties suivant lesquelles le texte s'organise.
Réplique : toute intervention orale d'un personnage dans le dialogue théâtral.

6 Comment s'exprime l'enthousiasme de M. Jourdain devant les découvertes qu'il fait ? Soyez attentif à la ponctuation et aux adjectifs attributs.

Questionnaire | 47

7 Qui M. Jourdain rend-il responsable de son ignorance? À quelle ligne? Quel est l'effet sur le spectateur?

8 Quel trait de caractère la dernière réplique de M. Jourdain révèle-t-elle? Étiez-vous déjà au courant de ce défaut?

ÉTUDIER LE VOCABULAIRE ET LA GRAMMAIRE

9 Quel mot, dont il ignorait le sens jusqu'à présent, M. Jourdain découvre-t-il? Donnez une définition de ce mot.

10 Quel «compliment» M. Jourdain veut-il faire à la marquise? Le Maître de philosophie modifie-t-il finalement ce que le bourgeois avait écrit? Quelle est alors la réaction de son élève?

11 Dans la première réplique de M. Jourdain, combien repérez-vous de verbes conjugués? Combien cette phrase comporte-t-elle donc de propositions? Identifiez la proposition principale, puis la proposition subordonnée. Est-ce une subordonnée relative ou conjonctive? Indiquez sa fonction dans la phrase.

12 Entre les lignes 5 et 8, retrouvez le même type de subordonnée et identifiez la nature du mot qui l'introduit, puis la fonction de ce mot dans la subordonnée.

LECTURE D'IMAGE

13 Quelle réplique la photographie de la page 46 illustre-t-elle?

14 Étudiez la façon dont les deux personnages sont placés : en quoi le Maître de philosophie se montre-t-il pédagogue?

SCÈNE 5

MAÎTRE TAILLEUR, GARÇON TAILLEUR,
portant l'habit de M. Jourdain, M. JOURDAIN, LAQUAIS

M. JOURDAIN – Ah vous voilà! je m'allais mettre en colère contre vous.

MAÎTRE TAILLEUR – Je n'ai pas pu venir plus tôt, et j'ai mis vingt garçons après votre habit.

M. JOURDAIN – Vous m'avez envoyé des bas de soie si étroits, que j'ai eu toutes les peines du monde à les mettre, et il y a déjà deux mailles de rompues.

MAÎTRE TAILLEUR – Ils ne s'élargiront que trop.

M. JOURDAIN – Oui, si je romps toujours des mailles. Vous m'avez aussi fait faire des souliers qui me blessent furieusement[1].

MAÎTRE TAILLEUR – Point du tout, monsieur.

M. JOURDAIN – Comment, point du tout?

MAÎTRE TAILLEUR – Non, ils ne vous blessent point.

M. JOURDAIN – Je vous dis qu'ils me blessent, moi.

MAÎTRE TAILLEUR – Vous vous imaginez cela.

M. JOURDAIN – Je me l'imagine, parce que je le sens. Voyez la belle raison!

MAÎTRE TAILLEUR – Tenez, voilà le plus bel habit de la cour, et le mieux assorti. C'est un chef-d'œuvre que d'avoir inventé un habit sérieux qui ne fût pas noir; et je le donne en six coups[2] aux tailleurs les plus éclairés.

---

1. furieusement : terriblement.
2. en six coups : terme de jeu qui met au défi de faire mieux que soi (par exemple, faire en six coups ce que l'on a réussi en un).

M. JOURDAIN – Qu'est-ce que c'est que ceci ? Vous avez mis les fleurs en enbas[1].

25 MAÎTRE TAILLEUR – Vous ne m'aviez pas dit que vous les vouliez en enhaut.

M. JOURDAIN – Est-ce qu'il faut dire cela ?

MAÎTRE TAILLEUR – Oui, vraiment. Toutes les personnes de qualité les portent de la sorte.

30 M. JOURDAIN – Les personnes de qualité portent les fleurs en enbas ?

MAÎTRE TAILLEUR – Oui, monsieur.

M. JOURDAIN – Oh ! voilà qui est donc bien.

MAÎTRE TAILLEUR – Si vous voulez, je les mettrai en enhaut.

35 M. JOURDAIN – Non, non.

MAÎTRE TAILLEUR – Vous n'avez qu'à dire.

M. JOURDAIN – Non, vous dis-je ; vous avez bien fait. Croyez-vous que l'habit m'aille bien ?

MAÎTRE TAILLEUR – Belle demande ! Je défie un peintre
40 avec son pinceau, de vous faire rien de plus juste. J'ai chez moi un garçon qui, pour monter une rhingrave[2], est le plus grand génie du monde ; et un autre qui, pour assembler un pourpoint[3], est le héros de notre temps.

M. JOURDAIN – La perruque et les plumes sont-elles comme il
45 faut ?

MAÎTRE TAILLEUR – Tout est bien.

M. JOURDAIN, *en regardant l'habit du tailleur*. – Ah ! ah ! monsieur le tailleur, voilà de mon étoffe du dernier habit que vous m'avez fait. Je la reconnais bien.

Notes

1. **en enbas** : la corolle en bas et la tige en haut, donc à l'envers.
2. **rhingrave** : culotte de cheval, très large, attachée par le bas avec des rubans, mise à la mode par un noble du Rhin (Rheingraf).
3. **pourpoint** : sorte de veste couvrant le torse.

50 | *Le Bourgeois gentilhomme* de Molière

MAÎTRE TAILLEUR – C'est que l'étoffe me sembla si belle, que j'en ai voulu lever[1] un habit pour moi.

M. JOURDAIN – Oui, mais il ne fallait pas le lever avec le mien.

MAÎTRE TAILLEUR – Voulez-vous mettre votre habit ?

M. JOURDAIN – Oui, donnez-moi.

MAÎTRE TAILLEUR – Attendez. Cela ne va pas comme cela. J'ai amené des gens pour vous habiller en cadence, et ces sortes d'habits se mettent avec cérémonie. Holà ! entrez, vous autres. Mettez cet habit à monsieur, de la manière que vous faites aux personnes de qualité.

(Quatre garçons tailleurs entrent, dont deux lui arrachent le haut-de-chausses de ses exercices, et deux autres la camisole, puis ils lui mettent son habit neuf ; et M. Jourdain se promène entre eux, et leur montre son habit, pour voir s'il est bien. Le tout à la cadence de toute la symphonie.)

GARÇON TAILLEUR – Mon gentilhomme[2], donnez, s'il vous plaît, aux garçons quelque chose pour boire.

M. JOURDAIN – Comment m'appelez-vous ?

GARÇON TAILLEUR – Mon gentilhomme.

M. JOURDAIN – «Mon gentilhomme !» Voilà ce que c'est de se mettre en personne de qualité. Allez-vous-en demeurer toujours habillé en bourgeois, on ne vous dira point : «Mon gentilhomme.» Tenez, voilà pour «Mon gentilhomme».

GARÇON TAILLEUR – Monseigneur[3], nous vous sommes bien obligés.

M. JOURDAIN – «Monseigneur», oh, oh ! «Monseigneur !» Attendez, mon ami : «Monseigneur» mérite quelque chose

---

1. lever : prendre et couper dans une pièce de tissu.

2. gentilhomme : titre donné à un noble.

3. Monseigneur : titre d'honneur donné aux très grands seigneurs.

Acte II, Scène 5

et ce n'est pas une petite parole que «Monseigneur». Ten⟨ez⟩
voilà ce que Monseigneur vous donne.

GARÇON TAILLEUR – Monseigneur, nous allons boire tous à ⟨la⟩
80 santé de Votre Grandeur[1].

M. JOURDAIN – «Votre Grandeur!» Oh, oh, oh! Attendez, ⟨ne⟩
vous en allez pas. À moi, «Votre Grandeur!» *(Bas, à part.)* ⟨Ma⟩
foi, s'il va jusqu'à l'Altesse[2], il aura toute la bourse. *(Ha⟨ut⟩)*
Tenez, voilà pour Ma Grandeur.

85 GARÇON TAILLEUR – Monseigneur, nous la remercions tr⟨ès⟩
humblement de ses libéralités[3].

M. JOURDAIN – Il a bien fait : je lui allais tout donner.

(Les quatre garçons tailleurs se réjouissent par une danse, qui fai⟨t le⟩
second intermède.)

Notes

1. **Votre Grandeur** : titre réservé aux évêques et aux plus grands seigneurs qui n'ont pas droit au titre d'Altesse ou d'Excellence.

2. **Altesse** : titre donné aux princes et ⟨aux⟩ souverains.
3. **libéralités** : générosités.

52 | *Le Bourgeois gentilhomme* de Molière

Au fil du texte

Questions sur l'acte II, scène 5 (pages 49 à 52)

AVEZ-VOUS BIEN LU ?

Quelles raisons successives M. Jourdain a-t-il de ne pas être content du tailleur ? Celui-ci semble- t-il gêné devant tous ces reproches ?

Comment le bourgeois se comporte-t-il face à l'argent ? Est-ce une qualité ou un défaut ?

ÉTUDIER LE DISCOURS ET LE GENRE

À qui M. Jourdain veut-il ressembler ? Dans quelles scènes aviez-vous déjà constaté ce désir ?

En quoi les garçons tailleurs sont-ils habiles ?

Retrouvez un passage où le comique naît de la situation, un autre où il naît du langage.

ÉTUDIER LA GRAMMAIRE : RÉVISER L'IMPÉRATIF

À partir de la ligne 65, relevez tous les verbes qui sont au mode impératif. Puis conjuguez-les aux trois personnes de l'impératif présent. Faites de même pour les auxiliaires *être* et *avoir,* puis pour un verbe de chacun des trois groupes, enfin pour les verbes *savoir*, *vouloir* et *cueillir*. De là, déduisez la règle de formation de l'impératif et les exceptions.

Reprenez chacun des verbes à l'impératif trouvés dans le texte et justifiez, chaque fois, l'utilisation de ce mode.

Questionnaire | 53

ÉTUDIER LE VOCABULAIRE

Niveaux de langue

Il s'agit de la syntaxe et du vocabulaire utilisés par une personne. Le trois principaux registres de langue sont : soutenu, courant et familie

8 Recherchez toutes les expressions imagées que vous connaiss signifiant « flatter », en précisant, pour chacune d'entre elles, à qu niveau de langue* elle appartient.

À VOS PLUMES... À VOS PINCEAUX !

9 Une personne, qui peut être vous-même, se trouve dans un mag sin : le (la) vendeur (euse) la flatte afin de la convaincre d'achet un habit. Imaginez la scène, dont les dialogues s'inséreront dans u récit. Vous écrirez une vingtaine de lignes et utiliserez au moins de ressorts comiques différents. Vous pourrez employer des expressio trouvées à la question 8.

54 | *Le Bourgeois gentilhomme* de Molière

Acte III

SCÈNE 1

M. JOURDAIN, LAQUAIS

M. JOURDAIN – Suivez-moi, que j'aille un peu montrer mon habit par la ville ; et surtout ayez soin tous deux de marcher immédiatement sur mes pas, afin qu'on voie bien que vous êtes à moi.

LAQUAIS – Oui, monsieur.

M. JOURDAIN – Appelez-moi Nicole, que je lui donne quelques ordres. Ne bougez, la voilà.

SCÈNE 2

NICOLE, M. JOURDAIN, LAQUAIS

M. JOURDAIN – Nicole !
NICOLE – Plaît-il[1] ?
M. JOURDAIN – Écoutez.
NICOLE – Hi, hi, hi, hi, hi !

---

1. **Plaît-il ?** : que me demandez-vous ?

5 M. JOURDAIN – Qu'as-tu à rire?

NICOLE – Hi, hi, hi, hi, hi, hi!

M. JOURDAIN – Que veut dire cette coquine-là?

NICOLE – Hi, hi, hi. Comme vous voilà bâti[1]! Hi, hi, hi!

M. JOURDAIN – Comment donc?

10 NICOLE – Ah, ah! mon Dieu! Hi, hi, hi, hi, hi!

M. JOURDAIN – Quelle friponne est-ce là! Te moques-tu moi?

NICOLE – Nenni[2], monsieur, j'en serais bien fâchée. Hi, hi, hi, hi, hi!

15 M. JOURDAIN – Je te baillerai[3] sur le nez, si tu ris davantage.

NICOLE – Monsieur, je ne puis pas m'en empêcher. Hi, hi, hi, hi, hi!

M. JOURDAIN – Tu ne t'arrêteras pas?

NICOLE – Monsieur, je vous demande pardon; mais vous êtes
20 plaisant, que je ne saurais me tenir[4] de rire. Hi, hi, hi!

M. JOURDAIN – Mais voyez quelle insolence!

NICOLE – Vous êtes tout à fait drôle comme cela. Hi, hi!

M. JOURDAIN – Je te…

NICOLE – Je vous prie de m'excuser. Hi, hi, hi, hi!

25 M. JOURDAIN – Tiens, si tu ris encore le moins du monde, je
jure que je t'appliquerai sur la joue le plus grand soufflet c
se soit jamais donné.

NICOLE – Hé bien, monsieur, voilà qui est fait, je ne rirai plu

M. JOURDAIN – Prends-y bien garde. Il faut que pour tantôt
30 nettoies…

NICOLE – Hi, hi!

Notes

1. **bâti** : accoutré, déguisé.
2. **Nenni** : non.

3. **baillerai** : donnerai des coups.
4. **tenir** : retenir.

56 | *Le Bourgeois gentilhomme* de Molière

M. JOURDAIN – Que tu nettoies comme il faut…

NICOLE – Hi, hi !

M. JOURDAIN – Il faut, dis-je, que tu nettoies la salle, et…

NICOLE – Hi, hi !

M. JOURDAIN – Encore !

NICOLE – Tenez, monsieur, battez-moi plutôt et me laissez rire tout mon soûl, cela me fera plus de bien. Hi, hi, hi, hi, hi !

M. JOURDAIN – J'enrage.

NICOLE – De grâce, monsieur, je vous prie de me laisser rire. Hi, hi, hi !

M. JOURDAIN – Si je te prends…

NICOLE – Monsieur, eur, je crèverai, ai, si je ne ris. Hi, hi, hi !

M. JOURDAIN – Mais a-t-on jamais vu une pendarde¹ comme celle-là ? qui me vient rire insolemment au nez, au lieu de recevoir mes ordres ?

NICOLE – Que voulez-vous que je fasse, monsieur ?

M. JOURDAIN – Que tu songes, coquine, à préparer ma maison pour la compagnie² qui doit venir tantôt.

NICOLE – Ah, par ma foi ! je n'ai plus envie de rire ; et toutes vos compagnies font tant de désordre céans, que ce mot est assez pour me mettre en mauvaise humeur.

M. JOURDAIN – Ne dois-je point pour toi fermer ma porte à tout le monde ?

NICOLE – Vous devriez au moins la fermer à certaines gens.

---

1. pendarde : qui est si mauvaise qu'elle mérite d'être pendue.

2. compagnie : petit nombre d'amis rassemblés dans un lieu, réunion d'amis.

Acte III, Scène 2 | 57

M. Jourdain (Lafon) et Nicole (Béatrice Bretty), extrait du film *Une soirée à la Comédie-Française*.

Au fil du texte

Questions sur l'acte III, scènes 1 et 2 (pages 55 à 57)

AVEZ-VOUS BIEN LU ?

D'après la scène 1, quel rapport le bourgeois entretient-il avec ses domestiques ?

Montrez que la scène 2 s'organise suivant deux mouvements* auxquels vous donnerez un titre.

*mouvements : différentes parties suivant lesquelles le texte s'organise.

Pourquoi Nicole est-elle prise de fou rire ? Comment M. Jourdain tente-t-il de faire cesser ce rire ? Comment y parvient-il finalement ?

ÉTUDIER LE DISCOURS ET LA GRAMMAIRE

À quel moment de la scène 2 Nicole porte-t-elle un jugement sur les personnes que fréquente le bourgeois ? Ce jugement est-il explicite* ou implicite* ? Justifiez votre réponse.

*explicite : qui est clairement exprimé.
*implicite : qui est exprimé indirectement, sous-entendu.

Dans la phrase : *« je te jure que je t'appliquerai sur la joue le plus grand soufflet qui se soit jamais donné »* (III, 2, l. 25-27), combien de propositions comptez-vous ? Quelle est la proposition principale ? Quels mots introduisent les deux subordonnées ? Quelles sont donc la nature et la fonction de chacune d'entre elles ?

À quel mode est le verbe de la proposition subordonnée de la ligne 30 (III, 2) ? Justifiez l'emploi de ce mode. Imaginez deux phrases par lesquelles M. Jourdain pourrait donner à Nicole deux autres ordres. Vous commencerez vos phrases par : « Il faut que... », « Je veux que... » ou « Je souhaite que... ».

Questionnaire | 59

ÉTUDIER LE VOCABULAIRE

7 Vous avez constaté, au cours des actes précédents, que M. Jourda
était autoritaire. Mais a-t-il réellement de l'autorité ? Quelle diffé
rence faites-vous entre ces deux expressions ?

8 Recherchez au moins cinq expressions ou dictons contenant
verbe *rire* et expliquez-les. Puis employez chacune d'entre ell
dans une phrase qui rendra son sens évident.

METTRE EN SCÈNE

9 Ajoutez dans la scène 2 des didascalies* qui indiqueront les déplacements, les gestes, le ton des
deux personnages, afin de rendre cette scène
vivante et comique.

10 Enregistrez des rires différents, à partir de films, de
disques ou de rires réels. Puis exercez-vous à rire
sur commande et de différentes manières. Enfin,
jouez la scène 2 en tenant le rôle de Nicole.

*didascalies :
indications
données
par l'auteur
concernant le
décor, le ton, les
déplacements,
les gestes des
personnages...

À VOS PLUMES !

11 Vous avez déjà été en proie à un fou rire. Relatez-en les c
constances : ce qui lui a donné naissance, les réactions de vo
entourage, la façon dont il a cessé, les conséquences éventuel
qu'il a pu avoir… Votre récit sera écrit dans le système du passé e
la première personne.

Système du passé

Il s'agit d'un système de temps où l'on utilise principalement l'impa
fait, le passé simple, le plus-que-parfait et le passé antérieur.

Le Bourgeois gentilhomme de Molière

SCÈNE 3

MME JOURDAIN, M. JOURDAIN, NICOLE, LAQUAIS

MME JOURDAIN – Ah! ah! voici une nouvelle histoire. Qu'est-ce que c'est donc, mon mari, que cet équipage[1]-là? Vous moquez-vous du monde, de vous être fait enharnacher[2] de la sorte? et avez-vous envie qu'on se raille[3] partout de vous?

M. JOURDAIN – Il n'y a que des sots et des sottes, ma femme, qui se railleront de moi.

MME JOURDAIN – Vraiment on n'a pas attendu jusqu'à cette heure, et il y a longtemps que vos façons de faire donnent à rire à tout le monde.

M. JOURDAIN – Qui est donc tout ce monde-là, s'il vous plaît?

MME JOURDAIN – Tout ce monde-là est un monde qui a raison, et qui est plus sage que vous. Pour moi, je suis scandalisée de la vie que vous menez. Je ne sais plus ce que c'est que notre maison : on dirait qu'il est céans carême-prenant[4] tous les jours; et dès le matin, de peur d'y manquer, on y entend des vacarmes de violons et de chanteurs, dont tout le voisinage se trouve incommodé.

NICOLE – Madame parle bien. Je ne saurais plus voir mon ménage propre, avec cet attirail de gens que vous faites venir chez vous. Ils ont des pieds qui vont chercher de la boue dans tous les quartiers de la ville, pour l'apporter ici; et la pauvre Françoise est presque sur les dents, à frotter les planchers que vos biaux[5] maîtres viennent crotter régulièrement tous les jours.

---

1. **équipage** : habit.
2. **enharnacher** : habiller d'une manière ridicule.
3. **se raille** : se moque.

4. **carême-prenant** : Mardi gras, c'est-à-dire le carnaval (quand le carême prend, commence, on se déguise).
5. **biaux** : patois pour « beaux », comme plus loin *carriaux* pour « carreaux ».

Acte III, Scène 3 | 61

25   M. JOURDAIN – Ouais[1], notre servante Nicole, vous avez
      caquet bien affilé[2] pour une paysanne.

      MME JOURDAIN – Nicole a raison et son sens est meilleur qu
      le vôtre. Je voudrais bien savoir ce que vous pensez faire d'u
      maître à danser à l'âge que vous avez.

30   NICOLE – Et d'un grand maître tireur d'armes, qui vient, ave
      ses battements de pied, ébranler toute la maison, et nous dér.
      ciner tous les carriaux de notre salle ?

      M. JOURDAIN – Taisez-vous, ma servante, et ma femme.

      MME JOURDAIN – Est-ce que vous voulez apprendre à dans
35   pour quand vous n'aurez plus de jambes ?

      NICOLE – Est-ce que vous avez envie de tuer quelqu'un ?

      M. JOURDAIN – Taisez-vous, vous dis-je : vous êtes des ign
      rantes l'une et l'autre, et vous ne savez pas les prérogative
      de tout cela.

40   MME JOURDAIN – Vous devriez plutôt songer à marier vot
      fille, qui est en âge d'être pourvue[4].

      M. JOURDAIN – Je songerai à marier ma fille quand il se prése
      tera un parti pour elle, mais je veux songer aussi à apprend
      les belles choses.

45   NICOLE – J'ai encore ouï dire, madame, qu'il a pris aujourd'hu
      pour renfort de potage[5], un maître de philosophie.

      M. JOURDAIN – Fort bien : je veux avoir de l'esprit, et savo
      raisonner des choses parmi les honnêtes gens.

      MME JOURDAIN – N'irez-vous point l'un de ces jours au collè
50   vous faire donner le fouet à votre âge ?

Notes

1. Ouais : interjection marquant la surprise, mais sans nuance de vulgarité.
2. caquet bien affilé : langue bien pendue ; le caquet désigne au sens propre « le cri de la poule qui pond ».

3. prérogatives : ici, avantages (M. Jourdain se trompe, car ce mot signifie en réalité « privilèges »).
4. pourvue : mariée.
5. pour renfort de potage : pour couronner le tout.

62 | *Le Bourgeois gentilhomme* de Molière

M. JOURDAIN – Pourquoi non? Plût à Dieu l'avoir tout à l'heure[1], le fouet, devant tout le monde, et savoir ce qu'on apprend au collège!

NICOLE – Oui, ma foi! cela vous rendrait la jambe bien mieux faite[2].

M. JOURDAIN – Sans doute.

MME JOURDAIN – Tout cela est fort nécessaire pour conduire votre maison.

M. JOURDAIN – Assurément. Vous parlez toutes deux comme des bêtes, et j'ai honte de votre ignorance. *(À Mme Jourdain.)* Par exemple savez-vous, vous, ce que c'est que vous dites à cette heure?

MME JOURDAIN – Oui, je sais que ce que je dis est fort bien dit, et que vous devriez songer à vivre d'autre sorte.

M. JOURDAIN – Je ne parle pas de cela. Je vous demande ce que c'est que les paroles que vous dites ici?

MME JOURDAIN – Ce sont des paroles bien sensées, et votre conduite ne l'est guère.

M. JOURDAIN – Je ne parle pas de cela, vous dis-je. Je vous demande : ce que je parle avec vous, ce que je vous dis à cette heure, qu'est-ce que c'est?

MME JOURDAIN – Des chansons[3].

M. JOURDAIN – Hé non! ce n'est pas cela. Ce que nous disons tous deux, le langage que nous parlons à cette heure?

MME JOURDAIN – Hé bien?

M. JOURDAIN – Comment est-ce que cela s'appelle?

MME JOURDAIN – Cela s'appelle comme on veut l'appeler.

---

1. tout à l'heure : tout de suite.
2. cela vous rendrait la jambe bien mieux faite : expression populaire

signifiant « cela vous ferait une belle jambe ».
3. chansons : propos sans intérêt, balivernes.

Acte III, Scène 3 | 63

M. JOURDAIN – C'est de la prose, ignorante.

MME JOURDAIN – De la prose ?

80 M. JOURDAIN – Oui, de la prose. Tout ce qui est prose n'e
point vers ; et tout ce qui n'est point vers n'est point pros
Heu, voilà ce que c'est d'étudier *(À Nicole.)* Et toi, sais-tu bi
comme il faut faire pour dire un U ?

NICOLE – Comment ?

85 M. JOURDAIN – Oui. Qu'est-ce que tu fais quand tu dis un U

NICOLE – Quoi ?

M. JOURDAIN – Dis un peu U, pour voir ?

NICOLE – Hé bien, U.

M. JOURDAIN – Qu'est-ce que tu fais ?

90 NICOLE – Je dis U.

M. JOURDAIN – Oui, mais quand tu dis U, qu'est-ce que tu fai

NICOLE – Je fais ce que vous me dites.

M. JOURDAIN – Ô l'étrange chose que d'avoir affaire à des bête
Tu allonges les lèvres en dehors et approches la mâchoire d'
95 haut de celle d'en bas : U, vois-tu ? U. Je fais la moue : U.

NICOLE – Oui, cela est biau.

MME JOURDAIN – Voilà qui est admirable.

M. JOURDAIN – C'est bien autre chose, si vous aviez vu O,
Da, Da, et Fa, Fa.

100 MME JOURDAIN – Qu'est-ce que c'est donc que tout ce galim
tias[1]-là ?

NICOLE – De quoi est-ce que tout cela guérit ?

M. JOURDAIN – J'enrage quand je vois des femmes ignorante

MME JOURDAIN – Allez, vous devriez envoyer promener to
105 ces gens-là, avec leurs fariboles[2].

Notes

1. **galimatias** : discours très confus.   2. **fariboles** : histoires vaines et frivole

Le Bourgeois gentilhomme de Molière

NICOLE – Et surtout ce grand escogriffe[1] de Maître d'armes, qui remplit de poudre[2] tout mon ménage.

M. JOURDAIN – Ouais, ce Maître d'armes vous tient fort au cœur. Je te veux faire voir ton impertinence tout à l'heure. *(Il fait apporter les fleurets et en donne un à Nicole.)* Tiens. Raison démonstrative, la ligne du corps. Quand on pousse en quarte, on n'a qu'à faire cela, et quand on pousse en tierce, on n'a qu'à faire cela. Voilà le moyen de n'être jamais tué ; et cela n'est-il pas beau d'être assuré de son fait, quand on se bat contre quelqu'un ? Là, pousse-moi un peu pour voir.

NICOLE – Hé bien, quoi ? *(Nicole lui pousse plusieurs coups.)*

M. JOURDAIN – Tout beau, holà, oh ! doucement. Diantre soit la coquine.

NICOLE – Vous me dites de pousser.

M. JOURDAIN – Oui ; mais tu me pousses en tierce, avant que de pousser en quarte, et tu n'as pas la patience que je pare.

MME JOURDAIN – Vous êtes fou, mon mari, avec toutes vos fantaisies, et cela vous est venu depuis que vous vous mêlez de hanter la noblesse.

M. JOURDAIN – Lorsque je hante la noblesse, je fais paraître mon jugement, et cela est plus beau que de hanter votre bourgeoisie.

MME JOURDAIN – Çamon[3] vraiment ! il y a fort à gagner à fréquenter vos nobles, et vous avez bien opéré avec ce beau monsieur le comte dont vous vous êtes embéguiné[4].

M. JOURDAIN – Paix ! Songez à ce que vous dites. Savez-vous bien, ma femme, que vous ne savez pas de qui vous parlez,

---

1. escogriffe : homme de grande taille et mal bâti.
2. poudre : poussière.
3. Çamon : oui, certainement.

4. embéguiné : entiché, mis en tête (un béguin est à l'origine un petit bonnet) ; pris au sens figuré : passion passagère.

quand vous parlez de lui? C'est une personne d'importanc
plus que vous ne pensez, un seigneur que l'on considère à
cour, et qui parle au Roi tout comme je vous parle. N'est-c
pas une chose qui m'est tout à fait honorable, que l'on vo
venir chez moi si souvent une personne de cette qualité, qu
m'appelle son cher ami, et me traite comme si j'étais son éga
Il a pour moi des bontés qu'on ne devinerait jamais; et, devan
tout le monde, il me fait des caresses[1] dont je suis moi-mêm
confus.

MME JOURDAIN – Oui, il a des bontés pour vous, et vous fa
des caresses, mais il vous emprunte votre argent.

M. JOURDAIN – Hé bien! ne m'est-ce pas de l'honneur de prêt
de l'argent à un homme de cette condition-là? et puis-je fai
moins pour un seigneur qui m'appelle son cher ami?

MME JOURDAIN – Et ce seigneur que fait-il pour vous?

M. JOURDAIN – Des choses dont on serait étonné, si on les sava

MME JOURDAIN – Et quoi?

M. JOURDAIN – Baste[2]! je ne puis pas m'expliquer. Il suffit qu
si je lui ai prêté de l'argent, il me le rendra bien, et avant qu
soit peu.

MME JOURDAIN – Oui, attendez-vous à cela.

M. JOURDAIN – Assurément: ne me l'a-t-il pas dit?

MME JOURDAIN – Oui, oui: il ne manquera pas d'y faillir[3].

M. JOURDAIN – Il m'a juré sa foi de gentilhomme.

MME JOURDAIN – Chansons.

M. JOURDAIN – Ouais, vous êtes bien obstinée, ma femme.
vous dis qu'il tiendra parole, j'en suis sûr.

Notes

1. **caresses**: démonstrations d'amitié, flatteries.

2. **Baste!**: cela suffit!

3. **faillir**: manquer, se dérober.

66 | *Le Bourgeois gentilhomme* de Molière

MME JOURDAIN – Et moi, je suis sûre que non, et que toutes les caresses qu'il vous fait ne sont que pour vous enjôler[1].

M. JOURDAIN – Taisez-vous : le voici.

MME JOURDAIN – Il ne nous faut plus que cela. Il vient peut-être encore vous faire quelque emprunt ; et il me semble que j'ai dîné[2] quand je le vois.

M. JOURDAIN – Taisez-vous, vous dis-je.

SCÈNE 4

DORANTE, M. JOURDAIN, MME JOURDAIN, NICOLE

DORANTE – Mon cher ami, monsieur Jourdain, comment vous portez-vous ?

M. JOURDAIN – Fort bien, monsieur, pour vous rendre mes petits services.

DORANTE – Et madame Jourdain que voilà, comment se porte-t-elle ?

MME JOURDAIN – Madame Jourdain se porte comme elle peut.

DORANTE – Comment, monsieur Jourdain ? vous voilà le plus propre[3] du monde !

M. JOURDAIN – Vous voyez.

DORANTE – Vous avez tout à fait bon air avec cet habit, et nous n'avons point de jeunes gens à la cour qui soient mieux faits que vous.

M. JOURDAIN – Hay, hay.

MME JOURDAIN, *à part.* – Il le gratte par où il se démange[4].

DORANTE – Tournez-vous. Cela est tout à fait galant.

---

1. **enjôler** : abuser par de belles paroles.
2. **il me [...] dîné** : ça me coupe l'appétit.
3. **propre** : élégant.

4. **Il le [...] démange** : il lui fait quelque chose à quoi il est extrêmement sensible (c'est un proverbe).

Acte III, Scène 4 | 67

MME JOURDAIN, *à part.* – Oui, aussi sot par-derrière que par devant.

DORANTE – Ma foi! monsieur Jourdain, j'avais une impatience
20 étrange[1] de vous voir. Vous êtes l'homme du monde que j'estime le plus, et je parlais de vous encore ce matin dans la chambre du Roi.

M. JOURDAIN – Vous me faites beaucoup d'honneur, monsieur. *(À Mme Jourdain.)* Dans la chambre du Roi!

25 DORANTE – Allons, mettez[2]…

M. JOURDAIN – Monsieur, je sais le respect que je vous dois.

DORANTE – Mon Dieu! mettez : point de cérémonie entre nous, je vous prie.

M. JOURDAIN – Monsieur...

30 DORANTE – Mettez, vous dis-je, monsieur Jourdain : vous êtes mon ami.

M. JOURDAIN – Monsieur, je suis votre serviteur.

DORANTE – Je ne me couvrirai point, si vous ne vous couvrez.

M. JOURDAIN, *se couvrant.* – J'aime mieux être incivil[3] qu'im-
35 portun.

DORANTE – Je suis votre débiteur[4], comme vous le savez.

MME JOURDAIN, *à part.* – Oui, nous ne le savons que trop.

DORANTE – Vous m'avez généreusement prêté de l'argent en plusieurs occasions, et vous m'avez obligé de la meilleure
40 grâce du monde, assurément.

M. JOURDAIN – Monsieur, vous vous moquez.

DORANTE – Mais je sais rendre ce qu'on me prête, et reconnaître les plaisirs qu'on me fait.

M. JOURDAIN – Je n'en doute point, monsieur.

Notes

1. **étrange** : très forte.
2. **mettez** : mettez votre chapeau.
3. **incivil** : impoli.
4. **débiteur** : celui qui doit de l'argent.

68 | *Le Bourgeois gentilhomme* de Molière

DORANTE – Je veux sortir d'affaire avec vous, et je viens ici pour faire nos comptes ensemble.

M. JOURDAIN, *bas à Mme Jourdain*. – Hé bien ! vous voyez votre impertinence, ma femme.

DORANTE – Je suis homme qui aime à m'acquitter[1] le plus tôt que je puis.

M. JOURDAIN, *bas, à Mme Jourdain*. – Je vous le disais bien.

DORANTE – Voyons un peu ce que je vous dois.

M. JOURDAIN, *bas, à Mme Jourdain*. – Vous voilà, avec vos soupçons ridicules.

DORANTE – Vous souvenez-vous bien de tout l'argent que vous m'avez prêté ?

M. JOURDAIN – Je crois que oui. J'en ai fait un petit mémoire. Le voici. Donné à vous une fois deux cents louis[2].

DORANTE – Cela est vrai.

M. JOURDAIN – Une autre fois six-vingts[3].

DORANTE – Oui.

M. JOURDAIN – Et une autre fois cent quarante.

DORANTE – Vous avez raison.

M. JOURDAIN – Ces trois articles font quatre cent soixante louis, qui valent cinq mille soixante livres.

DORANTE – Le compte est fort bon. Cinq mille soixante livres.

M. JOURDAIN – Mille huit cent trente-deux livres à votre plumassier[4].

DORANTE – Justement.

---

1. m'acquitter : payer.
2. louis : monnaie d'or ainsi appelée depuis Louis XIII, et qui valait onze livres (une livre = un franc = vingt sols).

3. six-vingts : cent vingt (six fois vingt).
4. plumassier : marchand de plumes pour orner les chapeaux.

70 M. JOURDAIN – Deux mille sept cent quatre-vingts livres
    votre tailleur.

DORANTE – Il est vrai.

M. JOURDAIN – Quatre mille trois cent septante-neuf livr
douze sols huit deniers[1] à votre marchand[2].

75 DORANTE – Fort bien. Douze sols huit deniers : le compte e
juste.

M. JOURDAIN – Et mille sept cent quarante-huit livres sept so
quatre deniers à votre sellier[3].

DORANTE – Tout cela est véritable. Qu'est-ce que cela fait ?

80 M. JOURDAIN – Somme totale, quinze mille huit cents livres

DORANTE – Somme totale est juste : quinze mille huit cer
livres. Mettez encore deux cents pistoles[4] que vous m'all
donner, cela fera justement dix-huit mille francs, que je vo
paierai au premier jour.

85 MME JOURDAIN, *bas, à M. Jourdain.* – Eh bien ! ne l'avais-je p
bien deviné ?

M. JOURDAIN, *bas, à Mme Jourdain.* – Paix !

DORANTE – Cela vous incommodera-t-il de me donner ce q
je vous dis ?

90 M. JOURDAIN – Eh non !

MME JOURDAIN, *bas, à M. Jourdain.* – Cet homme-là fait
vous une vache à lait.

M. JOURDAIN, *bas, à Mme Jourdain.* – Taisez-vous.

DORANTE – Si cela vous incommode, j'en irai chercher ailleu

95 M. JOURDAIN – Non, monsieur.

---

1. deniers : petites monnaies de bronze
équivalant à la douzième partie d'un sou.
2. marchand : sans doute le marchand
de drap.

3. sellier : artisan qui fabrique des obje
en cuir (par exemple, les selles).
4. pistoles : pièces d'or qui valaient on;
livres comme les louis, mais qui étaient
une monnaie d'Espagne.

MME JOURDAIN, *bas, à M. Jourdain.* – Il ne sera pas content, qu'il ne vous ait ruiné.

M. JOURDAIN, *bas, à Mme Jourdain.* – Taisez-vous, vous dis-je.

DORANTE – Vous n'avez qu'à me dire si cela vous embarrasse.

M. JOURDAIN – Point, monsieur.

MME JOURDAIN, *bas, à M. Jourdain.* – C'est un vrai enjôleux[1].

M. JOURDAIN, *bas, à Mme Jourdain.* – Taisez-vous donc.

MME JOURDAIN, *bas, à M. Jourdain.* – Il vous sucera jusqu'au dernier sou.

M. JOURDAIN, *bas, à Mme Jourdain.* – Vous tairez-vous?

DORANTE – J'ai force gens[2] qui m'en prêteraient avec joie; mais comme vous êtes mon meilleur ami, j'ai cru que je vous ferais tort si j'en demandais à quelque autre.

M. JOURDAIN – C'est trop d'honneur, monsieur, que vous me faites. Je vais quérir[3] votre affaire.

MME JOURDAIN, *bas, à M. Jourdain.* – Quoi? vous allez encore lui donner cela?

M. JOURDAIN, *bas, à Mme Jourdain.* – Que faire? Voulez-vous que je refuse un homme de cette condition-là, qui a parlé de moi ce matin dans la chambre du Roi?

MME JOURDAIN, *bas, à M. Jourdain.* – Allez, vous êtes une vraie dupe[4].

---

1. enjôleux : enjôleur, qui trompe.
2. force gens : de nombreuses personnes.
3. quérir : chercher.

4. dupe : personne que l'on trompe très facilement.

SCÈNE 5

DORANTE, MME JOURDAIN, NICOLE

1 DORANTE – Vous me semblez toute mélancolique : qu'avez
vous, madame Jourdain ?

MME JOURDAIN – J'ai la tête plus grosse que le poing et si[1] el
n'est pas enflée.

5 DORANTE – Mademoiselle votre fille, où est-elle, que je ne
vois point ?

MME JOURDAIN – Mademoiselle ma fille est bien où elle est.

DORANTE – Comment se porte-t-elle ?

MME JOURDAIN – Elle se porte sur ses deux jambes.

10 DORANTE – Ne voulez-vous point, un de ces jours, venir voi
avec elle, le ballet et la comédie que l'on fait[2] chez le Roi ?

MME JOURDAIN – Oui, vraiment, nous avons fort envie de rir
fort envie de rire nous avons.

DORANTE – Je pense, madame Jourdain, que vous avez eu bie
15 des amants[3] dans votre jeune âge, belle et d'agréable humeu
comme vous étiez.

MME JOURDAIN – Tredame[4], monsieur, est-ce que madan
Jourdain est décrépite[5], et la tête lui grouille[6]-t-elle déjà ?

DORANTE – Ah ! ma foi ! madame Jourdain, je vous deman
20 pardon. Je ne songeais pas que vous êtes jeune, et je rêve[7]
plus souvent. Je vous prie d'excuser mon impertinence.

Notes

1. **et si** : et pourtant.
2. **fait** : joue, donne.
3. **amants** : soupirants.
4. **Tredame** : par Notre-Dame
(interjection populaire).

5. **décrépite** : usée, vieille.
6. **grouille** : tremble.
7. **je rêve** : je suis distrait.

72 | *Le Bourgeois gentilhomme* de Molière

Au fil du texte

Questions sur l'acte III, scènes 3 à 5 (pages 61 à 72)

AVEZ-VOUS BIEN LU ?

Mᵐᵉ Jourdain expose tout au long de la scène 3 les raisons de son mécontentement : relevez-les.

Quelle est la préoccupation essentielle de cette femme ? Quelle est celle de son mari ?

Quels sont les « rôles » successifs de Nicole, dans la scène 3 ?

M. Jourdain veut transmettre les connaissances qu'il a fraîchement acquises. Réussit-il à se faire comprendre de son auditoire ? à l'impressionner ? Justifiez vos réponses.

Complétez le texte : Un nouveau personnage apparaît à la scène 4 : il se nomme .... Son titre de noblesse est .... M. Jourdain lui est reconnaissant, car .... Le noble, lui, a besoin du bourgeois, parce qu'il .... Il prétend être venu pour ....; en fait, le but de sa visite est d'................................ .

Dans les scènes 4 et 5, Mᵐᵉ Jourdain est plusieurs fois à la limite de l'impolitesse lorsqu'elle s'adresse au noble : relevez ces répliques*.

*réplique : toute intervention orale d'un personnage dans le dialogue théâtral.

Questionnaire | 73

ÉTUDIER LE DISCOURS ET LE GENRE

7 Dans la scène 4, quels sont les deux personnages qui parlent en aparté* ? Pourquoi ? Qui a l'« avantage » au début de la scène ? Qui le reprend ensuite ? Pourquoi ?

> ***aparté** : au théâtre, paroles qu'un personnage prononce à part, pour lui ou un autre personnage à l'insu des autres

8 Quels effets ces apartés ont-ils sur le spectateur ?

9 Quelle maladresse le seigneur commet-il dans la scène 5 ? Quelle excuse donne-t-il ?

ÉTUDIER LE VOCABULAIRE

10 Dans quel registre de langue Nicole s'exprime-t-elle en général ? Justifiez votre réponse en étudiant le vocabulaire et les tournures de langage qu'elle utilise. Quel est l'effet sur le spectateur ?

11 Dans la scène 5, l'un des ressorts du comique est un jeu sur la polysémie* d'un mot. Retrouvez-le. Sur le même principe, c'est-à-dire en jouant sur le champ sémantique d'un mot, faites une question-réponse autour de chacun des verbes suivants : *regarder, ouvrir*.

ÉTUDIER LA GRAMMAIRE : RÉVISER L'EXPRESSION DE LA CAUSE

12 Relevez, dans la réplique de Nicole aux lignes 22 à 24 de la scène, le groupe de mots qui exprime la cause.

13 Exprimez le même rapport logique à l'aide d'une indépendante coordonnée, puis d'une proposition subordonnée conjonctive.

À VOS PLUMES !

14 Vous avez certainement essayé, un jour ou l'autre, d'enseigner quelque chose à quelqu'un, et vous avez réussi ou échoué. Racontez la scène en introduisant un dialogue.

74 | *Le Bourgeois gentilhomme* de Molière

5 Il n'est pas toujours facile d'expliquer le fonctionnement d'un objet, d'un phénomène naturel… Rédigez une vingtaine de lignes qui expliqueront à quelqu'un comment fonctionne un objet de votre choix (bicyclette, télécopieur, téléphone…) ou un phénomène naturel (la foudre, un raz de marée, une éruption volcanique, le cycle des saisons…). Rendez votre explication vivante en prenant votre interlocuteur à partie (« Savez-vous comment… ? », « Voilà, vous avez maintenant compris… »).

METTRE EN SCÈNE

6 Faites la liste de tous les accessoires dont vous avez besoin pour jouer la scène 3. Ajoutez les didascalies* qui indiqueront les jeux de scène, gestes, mimiques, ton des personnages. Enfin, répartissez-vous les rôles et jouez la scène.

didascalies : indications données par l'auteur concernant le décor, le ton, les déplacements, les gestes des personnages.

étude du lexique

Registre de langue : syntaxe et vocabulaire utilisés par une personne ; les trois principaux registres de langue sont : soutenu, courant et familier.
Champ sémantique : ensemble des sens que peut avoir un mot.
Polysémie : variété des sens d'un mot.

SCÈNE 6

M. Jourdain, Mme Jourdain, Dorante, Nicole

1 M. Jourdain – Voilà deux cents louis bien comptés.

Dorante – Je vous assure, monsieur Jourdain, que je suis tout à vous, et que je brûle de vous rendre un service à la cour.

M. Jourdain – Je vous suis trop obligé.

5 Dorante – Si madame Jourdain veut voir le divertissement royal, je lui ferai donner les meilleures places de la salle.

Mme Jourdain – Madame Jourdain vous baise les mains[2].

Dorante, *bas, à M. Jourdain.* – Notre belle marquise, comme je vous ai mandé[3] par mon billet, viendra tantôt ici pour le
10 ballet et le repas, et je l'ai fait consentir enfin au cadeau[4] que vous lui voulez donner.

M. Jourdain – Tirons-nous[5] un peu plus loin, pour cause.

Dorante – Il y a huit jours que je ne vous ai vu, et je ne vous ai point mandé de nouvelles du diamant que vous me
15 mîtes entre les mains pour lui en faire présent de votre part ; mais c'est que j'ai eu toutes les peines du monde à vaincre son scrupule, et ce n'est que d'aujourd'hui qu'elle s'est résolue à l'accepter.

M. Jourdain – Comment l'a-t-elle trouvé ?

20 Dorante – Merveilleux ; et je me trompe fort, ou la beauté de ce diamant fera pour vous sur son esprit un effet admirable.

M. Jourdain – Plût au Ciel !

Notes

1. **divertissement** : pièce de théâtre avec danses et chants.
2. **baise les mains** : formule de politesse utilisée pour saluer, remercier ou, comme ici, pour refuser avec ironie.
3. **mandé** : fait savoir.
4. **cadeau** : divertissement, petite fête (concert, bal, repas...).
5. **Tirons-nous** : retirons-nous.

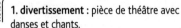

76 *Le Bourgeois gentilhomme* de Molière

MME JOURDAIN, *à Nicole.* – Quand il est une fois avec lui, il ne peut le quitter.

DORANTE – Je lui ai fait valoir comme il faut la richesse de ce présent et la grandeur de votre amour.

M. JOURDAIN – Ce sont, monsieur, des bontés qui m'accablent ; et je suis dans une confusion la plus grande du monde, de voir une personne de votre qualité s'abaisser pour moi à ce que vous faites.

DORANTE – Vous moquez-vous ? est-ce qu'entre amis on s'arrête à ces sortes de scrupules ? et ne feriez-vous pas pour moi la même chose, si l'occasion s'en offrait ?

M. JOURDAIN – Ho ! assurément, et de très grand cœur.

MME JOURDAIN, *à Nicole.* – Que sa présence me pèse sur les épaules !

DORANTE – Pour moi, je ne regarde rien quand il faut servir un ami ; et lorsque vous me fîtes confidence de l'ardeur que vous aviez prise pour cette marquise agréable chez qui j'avais commerce¹, vous vîtes que d'abord je m'offris de moi-même à servir votre amour.

M. JOURDAIN – Il est vrai, ce sont des bontés qui me confondent.

MME JOURDAIN, *à Nicole.* – Est-ce qu'il ne s'en ira point ?

NICOLE – Ils se trouvent bien ensemble.

DORANTE – Vous avez pris le bon biais² pour toucher son cœur : les femmes aiment surtout les dépenses qu'on fait pour elles ; et vos fréquentes sérénades, et vos bouquets continuels, ce superbe feu d'artifice qu'elle trouva sur l'eau, le diamant qu'elle a reçu de votre part, et le cadeau que vous lui préparez, tout cela lui parle bien mieux en faveur de votre amour que toutes les paroles que vous auriez pu lui dire vous-même.

---

1. chez qui j'avais commerce : avec qui j'entretenais des relations.   2. biais : moyen.

Acte III, Scène 6 | 77

M. JOURDAIN – Il n'y a point de dépenses que je ne fisse, si pa‹
là je pouvais trouver le chemin de son cœur. Une femme d‹
qualité a pour moi des charmes ravissants, et c'est un honneu‹
55 que j'achèterais au prix de toute chose.

MME JOURDAIN, *à Nicole*. – Que peuvent-ils tant dire ensemble‹
Va-t'en un peu tout doucement prêter l'oreille.

DORANTE – Ce sera tantôt que vous jouirez à votre aise du plai‹
sir de sa vue, et vos yeux auront tout le temps de se satisfaire‹

60 M. JOURDAIN – Pour être en pleine liberté, j'ai fait en sort‹
que ma femme ira dîner chez ma sœur, où elle passera tout‹
l'après-dînée.

DORANTE – Vous avez fait prudemment, et votre femme aura‹
pu nous embarrasser. J'ai donné pour vous l'ordre qu'il fa‹
65 au cuisinier, et à toutes les choses qui sont nécessaires pou‹
le ballet. Il est de mon invention ; et pourvu que l'exécutio‹
puisse répondre à l'idée, je suis sûr qu'il sera trouvé…

M. JOURDAIN *s'aperçoit que Nicole écoute, et lui donne un soufflet.*
Ouais, vous êtes bien impertinente. Sortons, s'il vous plaît.

SCÈNE 7

MME JOURDAIN, NICOLE

1 NICOLE – Ma foi ! madame, la curiosité m'a coûté quelqu‹
chose ; mais je crois qu'il y a quelque anguille sous roche, et i‹
parlent de quelque affaire où ils ne veulent pas que vous soye‹

MME JOURDAIN – Ce n'est pas d'aujourd'hui, Nicole, que j'‹
5 conçu des soupçons de mon mari. Je suis la plus trompée ‹
monde, ou il y a quelque amour en campagne[1], et je travail‹
à découvrir ce que ce peut être. Mais songeons à ma fill‹
Tu sais l'amour que Cléonte a pour elle. C'est un homm‹

Note

1. **en campagne** : en train, en route.

78 | *Le Bourgeois gentilhomme* de Molière

qui me revient[1], et je veux aider sa recherche[2], et lui donner Lucile, si je puis.

NICOLE – En vérité, madame, je suis la plus ravie du monde de vous voir dans ces sentiments ; car, si le maître vous revient, le valet ne me revient pas moins, et je souhaiterais que notre mariage se pût faire à l'ombre du leur.

MME JOURDAIN – Va-t'en lui parler de ma part, et lui dire que tout à l'heure il me vienne trouver, pour faire ensemble à mon mari la demande de ma fille.

NICOLE – J'y cours, madame, avec joie, et je ne pouvais recevoir une commission plus agréable. Je vais, je pense, bien réjouir les gens.

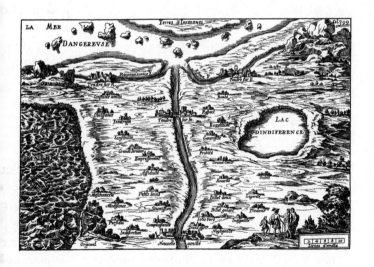

---

1. me revient : me plaît. 2. recherche : cour faite à une femme.

Acte III, Scène 7 | 79

Au fil du texte

Questions sur l'acte III, scènes 6 et 7 (pages 76 à 79)

AVEZ-VOUS BIEN LU ?

1 À la scène 6, pourquoi M. Jourdain dit-il à Dorante : *« Tirons-nous un peu plus loin »* ? Quel service le noble a-t-il rendu au bourgeois, d'après les lignes 13 à 18 ?

*réplique : **toute intervention orale d'un personnage dans le dialogue théâtral.**
*intrigue : **ensemble des situations et péripéties qui constituent l'action.**

2 Dans l'une des répliques* de la scène 7, Mᵐᵉ Jourdain résume les deux intrigues* de la pièce : reformulez-les.

3 Que souhaite Nicole, de son côté ?

ÉTUDIER LE DISCOURS

4 Relevez, dans la scène 6, les répliques qui montrent que les femmes sont tenues à l'écart de la conversation. À quel moment l'une d'entre elles s'immisce-t-elle dans le dialogue des hommes ? Pourquoi, à votre avis, est-ce important pour l'intrigue ?

5 Quels sont les ressorts comiques de la scène 6 ?

6 Les femmes vues par les hommes : qu'est-ce qui, en Dorimène, attire surtout M. Jourdain ? D'après Dorante, quel est l'atout majeur d'un homme pour conquérir une femme ? Partagez-vous cette opinion ?

Les formes de comique

On distingue traditionnellement plusieurs formes de comiques, appelées aussi « ressorts comiques » : comique de gestes, de mots, de situation, de caractère, de contraste, de répétition ; ces divers ressorts peuvent se combiner au sein d'une même scène.

---

80 | *Le Bourgeois gentilhomme* de Molière

ÉTUDIER LE VOCABULAIRE ET LA GRAMMAIRE

7 Recherchez ce qu'est la préciosité et relevez, dans la langage de Dorante, les tournures et expressions précieuses.

8 Les « précieuses » du XVIIe siècle désignaient par des périphrases* des objets, des parties du corps… Associez chacune des expressions à la réalité qu'elle représentait.

> *périphrase :* **figure de style consistant à exprimer en plusieurs mots ce qu'un seul pourrait dire.**

Liste 1 : le cimetière des vivants et des morts – les trônes de la pudeur – les miroirs de l'âme – le conseiller des grâces – les commodités de la conversation – une belle mouvante.

Liste 2 : la main – les joues – les yeux – le miroir – la boutique des libraires – les fauteuils.

9 Sur quel adjectif l'adverbe *prudemment* est-il formé ? Quels adverbes sont formés à partir des adjectifs suivants : *fort, violent, méchant, joli, intelligent, certain, gentil, savant* ? Quelle règle, ainsi que ses exceptions, pouvez-vous en déduire ?

À VOS PLUMES !

10 Imaginez la scène au cours de laquelle Dorante offre le diamant à la marquise : tous deux utiliseront un langage précieux. Vous pourrez vous servir des expressions et tournures découvertes aux questions 7 et 8. Votre dialogue comportera une vingtaine de répliques.

LECTURE D'IMAGE

11 Observez la carte de Tendre (p. 79) et recherchez ce qu'elle représentait pour les « précieux ». Relevez quatre « obligations » auxquelles devait se soumettre un homme amoureux.

SCÈNE 8

Cléonte, Covielle, Nicole

николь – Ah! vous voilà tout à propos. Je suis une ambassadrice de joie, et je viens…

CLÉONTE – Retire-toi, perfide, et ne me viens point amuser avec tes traîtresses paroles.

николь – Est-ce ainsi que vous recevez?…

CLÉONTE – Retire-toi, te dis-je, et va-t'en dire de ce pas à ton infidèle maîtresse qu'elle n'abusera de sa vie le trop simple Cléonte.

николь – Quel vertigo[1] est-ce donc là? Mon pauvre Covielle, dis-moi un peu ce que cela veut dire.

COVIELLE – Ton pauvre Covielle, petite scélérate! Allons vite, ôte-toi de mes yeux, vilaine, et me laisse en repos.

николь – Quoi? tu me viens aussi…

COVIELLE – Ôte-toi de mes yeux, te dis-je, et ne me parle de ta vie.

николь – Ouais! Quelle mouche les a piqués tous deux? Allons de cette belle histoire informer ma maîtresse.

SCÈNE 9

Cléonte, Covielle

CLÉONTE – Quoi? traiter un amant[2] de la sorte, et un amant le plus fidèle et le plus passionné de tous les amants?

Notes

1. vertigo : caprice, folie.

2. amant : qui aime d'amour une femme dont il est aimé ou tâche de se faire aimer.

82 | *Le Bourgeois gentilhomme* de Molière

COVIELLE – C'est une chose épouvantable, que ce qu'on nous fait à tous deux.

CLÉONTE – Je fais voir pour une personne toute l'ardeur et toute la tendresse qu'on peut imaginer; je n'aime rien au monde qu'elle, et je n'ai qu'elle dans l'esprit; elle fait tous mes soins, tous mes désirs, toute ma joie; je ne parle que d'elle, je ne pense qu'à elle, je ne fais des songes que d'elle, je ne respire que par elle, mon cœur vit tout en elle : et voilà de tant d'amitié la digne récompense! Je suis deux jours sans la voir, qui sont pour moi des siècles effroyables : je la rencontre par hasard; mon cœur, à cette vue, se sent tout transporté, ma joie éclate sur mon visage, je vole avec ravissement vers elle; et l'infidèle détourne de moi ses regards, et passe brusquement, comme si de sa vie elle ne m'avait vu!

COVIELLE – Je dis les mêmes choses que vous.

CLÉONTE – Peut-on voir rien d'égal, Covielle, à cette perfidie de l'ingrate Lucile?

COVIELLE – Et à celle, monsieur, de la pendarde de Nicole?

CLÉONTE – Après tant de sacrifices ardents, de soupirs, et de vœux que j'ai faits à ses charmes!

COVIELLE – Après tant d'assidus hommages, de soins et de services que je lui ai rendus dans sa cuisine!

CLÉONTE – Tant de larmes que j'ai versées à ses genoux!

COVIELLE – Tant de seaux d'eau que j'ai tirés au puits pour elle!

CLÉONTE – Tant d'ardeur que j'ai fait paraître à la chérir plus que moi-même!

COVIELLE – Tant de chaleur que j'ai soufferte à tourner la broche à sa place!

CLÉONTE – Elle me fuit avec mépris!

COVIELLE – Elle me tourne le dos avec effronterie!

CLÉONTE – C'est une perfidie digne des plus grands châtiments.

COVIELLE – C'est une trahison à mériter mille soufflets.

35 CLÉONTE – Ne t'avise point, je te prie, de me parler jamais pou
elle.

COVIELLE – Moi, monsieur! Dieu m'en garde!

CLÉONTE – Ne viens point m'excuser l'action de cette infidèle

COVIELLE – N'ayez pas peur.

40 CLÉONTE – Non, vois-tu, tous tes discours pour la défendre n
serviront de rien.

COVIELLE – Qui songe à cela?

CLÉONTE – Je veux contre elle conserver mon ressentiment, e
rompre ensemble tout commerce.

45 COVIELLE – J'y consens.

CLÉONTE – Ce monsieur le comte qui va chez elle lui donn
peut-être dans la vue; et son esprit, je le vois bien, se laiss
éblouir à la qualité. Mais il me faut, pour mon honneur, pré
venir l'éclat[1] de son inconstance. Je veux faire autant de pa
50 qu'elle au changement où je la vois courir, et ne lui laisser pa
toute la gloire de me quitter.

COVIELLE – C'est fort bien dit, et j'entre pour mon compte dar
tous vos sentiments.

CLÉONTE – Donne la main à[2] mon dépit, et soutiens ma réso
55 lution contre tous les restes d'amour qui me pourraient parle
pour elle. Dis-m'en, je t'en conjure, tout le mal que tu pour
ras; fais-moi de sa personne une peinture qui me la rend
méprisable; et marque-moi bien, pour m'en dégoûter, tous le
défauts que tu peux voir en elle.

Notes

1. prévenir l'éclat : empêcher à l'avance le scandale. 2. Donne la main à : aide, porte secours

84 *Le Bourgeois gentilhomme* de Molière

COVIELLE – Elle, monsieur! voilà une belle mijaurée[1], une pimpesouée[2] bien bâtie, pour vous donner tant d'amour! Je ne lui vois rien que de très médiocre, et vous trouverez cent personnes qui seront plus dignes de vous. Premièrement, elle a les yeux petits.

CLÉONTE – Cela est vrai, elle a les yeux petits; mais elle les a pleins de feu, les plus brillants, les plus perçants du monde, les plus touchants qu'on puisse voir.

COVIELLE – Elle a la bouche grande.

CLÉONTE – Oui; mais on y voit des grâces qu'on ne voit point aux autres bouches; et cette bouche, en la voyant, inspire des désirs, est la plus attrayante, la plus amoureuse du monde.

COVIELLE – Pour sa taille, elle n'est pas grande.

CLÉONTE – Non; mais elle est aisée et bien prise.

COVIELLE – Elle affecte une nonchalance dans son parler, et dans ses actions.

CLÉONTE – Il est vrai; mais elle a grâce à tout cela, et ses manières sont engageantes, ont je ne sais quel charme à s'insinuer dans les cœurs.

COVIELLE – Pour de l'esprit…

CLÉONTE – Ah! elle en a, Covielle, du plus fin, du plus délicat.

COVIELLE – Sa conversation…

CLÉONTE – Sa conversation est charmante.

COVIELLE – Elle est toujours sérieuse.

CLÉONTE – Veux-tu de ces enjouements[3] épanouis, de ces joies toujours ouvertes? et vois-tu rien de plus impertinent que des femmes qui rient à tout propos?

---

1. mijaurée : femme aux manières affectées, prétentieuses et ridicules.

2. pimpesouée : femme très coquette, qui fait la précieuse.

3. enjouements : gaietés.

Acte III, Scène 9 | 85

COVIELLE – Mais enfin elle est capricieuse autant que personne du monde[1].

CLÉONTE – Oui, elle est capricieuse, j'en demeure d'accord, mais tout sied bien aux belles, on souffre tout des belles.

COVIELLE – Puisque cela va comme cela, je vois bien que vous avez envie de l'aimer toujours.

CLÉONTE – Moi, j'aimerais mieux mourir; et je vais la haïr autant que je l'ai aimée.

COVIELLE – Le moyen, si vous la trouvez si parfaite?

CLÉONTE – C'est en quoi ma vengeance sera plus éclatante, en quoi je veux faire mieux voir la force de mon cœur : à la haïr, à la quitter, toute belle, toute pleine d'attraits, toute aimable que je la trouve. La voici.

SCÈNE 10

CLÉONTE, LUCILE, COVIELLE, NICOLE

NICOLE, *à Lucile*. – Pour moi, j'en ai été toute scandalisée.

LUCILE – Ce ne peut être, Nicole, que ce que je te dis. Mais le voilà.

CLÉONTE, *à Covielle*. – Je ne veux pas seulement lui parler.

COVIELLE – Je veux vous imiter.

LUCILE – Qu'est-ce donc, Cléonte? qu'avez-vous?

NICOLE – Qu'as-tu donc, Covielle?

LUCILE – Quel chagrin vous possède?

NICOLE – Quelle mauvaise humeur te tient?

LUCILE – Êtes-vous muet, Cléonte?

NICOLE – As-tu perdu la parole, Covielle?

---

1. du monde : au monde.

Le Bourgeois gentilhomme de Molière

CLÉONTE – Que voilà qui est scélérat[1] !

COVIELLE – Que cela est Judas[2] !

LUCILE – Je vois bien que la rencontre de tantôt a troublé votre esprit.

CLÉONTE, *à Covielle.* – Ah ! ah ! on voit ce qu'on a fait.

NICOLE – Notre accueil de ce matin t'a fait prendre la chèvre[3].

COVIELLE, *à Cléonte.* – On a deviné l'enclouure[4].

LUCILE – N'est-il pas vrai, Cléonte, que c'est là le sujet de votre dépit ?

CLÉONTE – Oui, perfide, ce l'est, puisqu'il faut parler ; et j'ai à vous dire que vous ne triompherez pas comme vous pensez de votre infidélité, que je veux être le premier à rompre avec vous, et que vous n'aurez pas l'avantage de me chasser. J'aurai de la peine, sans doute, à vaincre l'amour que j'ai pour vous, cela me causera des chagrins, je souffrirai un temps, mais j'en viendrai à bout, et je me percerai plutôt le cœur, que d'avoir la faiblesse de retourner à vous.

COVIELLE, *à Nicole.* – Queussi, queumi[5].

LUCILE – Voilà bien du bruit pour un rien. Je veux vous dire, Cléonte, le sujet qui m'a fait ce matin éviter votre abord.

CLÉONTE *fait semblant de s'en aller et tourne autour du théâtre.* – Non, je ne veux rien écouter.

NICOLE, *à Covielle.* – Je te veux apprendre la cause qui nous a fait passer si vite.

COVIELLE, *voulant aussi s'en aller pour éviter Nicole.* – Je ne veux rien entendre.

NOTES

1. scélérat : méchant, coquin.
2. Judas : digne de Judas, traître, trompeur.
3. prendre la chèvre : se fâcher, prendre la mouche.

4. enclouure : au sens propre, blessure faite au sabot d'un cheval par un clou ; ici, point sensible.
5. Queussi, queumi : il en est pour moi comme pour lui (expression picarde).

Acte III, Scène 10 | 87

LUCILE *suit Cléonte.* – Sachez que ce matin…

CLÉONTE – Non, vous dis-je.

40 NICOLE *suit Covielle.* – Apprends que…

COVIELLE – Non, traîtresse.

LUCILE – …coutez.

CLÉONTE – Point d'affaire.

NICOLE – Laissez-moi dire.

45 COVIELLE – Je suis sourd.

LUCILE – Cléonte !

CLÉONTE – Non.

NICOLE – Covielle.

COVIELLE – Point.

50 LUCILE – Arrêtez.

CLÉONTE – Chansons !

NICOLE – Entends-moi.

COVIELLE – Bagatelles !

LUCILE – Un moment.

55 CLÉONTE – Point du tout.

NICOLE – Un peu de patience.

COVIELLE – Tarare[1].

LUCILE – Deux paroles.

CLÉONTE – Non, c'en est fait.

60 NICOLE – Un mot.

COVIELLE – Plus de commerce.

LUCILE, *s'arrêtant.* – Hé bien ! puisque vous ne voulez pas m'écou
ter, demeurez dans votre pensée, et faites ce qu'il vous plaira

---

Note

1. **Tarare** : pas du tout ; équivalant à « taratata ».

Le Bourgeois gentilhomme de Molière

NICOLE, *s'arrêtant aussi.* – Puisque tu fais comme cela, prends-le tout comme tu voudras.

CLÉONTE, *se retournant vers Lucile.* – Sachons donc le sujet d'un si bel accueil.

LUCILE, *s'en allant à son tour pour éviter Cléonte.* – Il ne me plaît plus de le dire.

COVIELLE, *se retournant vers Nicole.* – Apprends-nous un peu cette histoire.

NICOLE, *s'en allant à son tour pour éviter Covielle.* – Je ne veux plus, moi, te l'apprendre.

CLÉONTE – Dites-moi…

LUCILE – Non, je ne veux rien dire.

COVIELLE – Conte-moi…

NICOLE – Non, je ne conte rien.

CLÉONTE – De grâce.

LUCILE – Non, vous dis-je.

COVIELLE – Par charité.

NICOLE – Point d'affaire.

CLÉONTE – Je vous en prie.

LUCILE – Laissez-moi.

COVIELLE – Je t'en conjure.

NICOLE – Ôte-toi de là.

CLÉONTE – Lucile !

LUCILE – Non.

COVIELLE – Nicole !

NICOLE – Point.

CLÉONTE – Au nom des dieux.

LUCILE – Je ne veux pas.

COVIELLE – Parle-moi.

Acte III, Scène 10 89

NICOLE – Point du tout.

CLÉONTE – Éclaircissez mes doutes.

95 LUCILE – Non, je n'en ferai rien.

COVIELLE – Guéris-moi l'esprit.

NICOLE – Non, il ne me plaît pas.

CLÉONTE – Hé bien! puisque vous vous souciez si peu de me
tirer de peine, et de vous justifier du traitement indigne qu
100 vous avez fait à ma flamme[1], vous me voyez, ingrate, pou
la dernière fois, et je vais loin de vous mourir de douleur e
d'amour.

COVIELLE, *à Nicole.* – Et moi, je vais suivre ses pas.

LUCILE, *à Cléonte, qui veut sortir.*– Cléonte!

105 NICOLE, *à Covielle qui suit son maître.* – Covielle!

CLÉONTE, *s'arrêtant.* – Eh?

COVIELLE, *s'arrêtant aussi.* – Plaît-il?

LUCILE – Où allez-vous?

CLÉONTE – Où je vous ai dit.

110 COVIELLE – Nous allons mourir.

LUCILE – Vous allez mourir, Cléonte?

CLÉONTE – Oui, cruelle, puisque vous le voulez.

LUCILE – Moi, je veux que vous mouriez?

CLÉONTE – Oui, vous le voulez.

115 LUCILE – Qui vous le dit?

CLÉONTE, *s'approchant de Lucile.* – N'est-ce pas le vouloir, que n
vouloir pas éclaircir mes soupçons?

LUCILE – Est-ce ma faute? et si vous aviez voulu m'écouter, n
vous aurais-je pas dit que l'aventure dont vous vous plaigne
120 a été causée ce matin par la présence d'une vieille tante, qu

---

Note

1. flamme : amour.

veut à toute force que la seule approche d'un homme déshonore une fille, qui perpétuellement nous sermonne sur ce chapitre, et nous figure[1] tous les hommes comme des diables qu'il faut fuir?

NICOLE, *à Covielle*. – Voilà le secret de l'affaire.

CLÉONTE – Ne me trompez-vous point, Lucile?

COVIELLE, *à Nicole*. – Ne m'en donnes-tu point à garder[2]?

LUCILE, *à Cléonte*. – Il n'est rien de plus vrai.

NICOLE, *à Covielle*. – C'est la chose comme elle est.

COVIELLE, *à Cléonte*. – Nous rendrons-nous à cela?

CLÉONTE – Ah! Lucile, qu'avec un mot de votre bouche vous savez apaiser de choses dans mon cœur! et que facilement on se laisse persuader aux[3] personnes qu'on aime!

COVIELLE – Qu'on est aisément amadoué[4] par ces diantres d'animaux-là!

---

1. figure : représente.
2. Ne m'en [...] à garder ? : ne me trompes-tu pas?

3. aux : par les.
4. amadoué : radouci.

Acte III, Scène 10 | 91

Au fil du texte

Questions sur l'acte III, scènes 8 à 10 (pages 82 à 91)

AVEZ-VOUS BIEN LU ?

1 Qu'est venue annoncer Nicole à la scène 8 ? Comment est-elle reçue ? Que ressent-elle ?

2 La scène 9 explique la colère et le dépit des deux hommes. Recherchez avec précision la raison de ces sentiments que vous reformulerez en deux ou trois phrases.

3 La scène 10 dépeint de façon typique une querelle d'amoureux : reconstituez précisément les trois phases de cette querelle en leur donnant un titre et en indiquant, chaque fois, les sentiments des personnages.

ÉTUDIER LE DISCOURS ET LE GENRE

4 Comment la colère de Cléonte et de Covielle se manifeste-t-elle à la scène 8 ? Pour répondre, étudiez le champ lexical* de leurs répliques*, ainsi que le mode des verbes qu'ils emploient.

5 Analysez, au début de la scène 9, la tirade de Cléonte : le champ lexical prédominant, les pronoms utilisés, les figures de style... Que ressent-il donc ?

> *champ lexical :* ensemble des mots et expressions se rapportant à un même thème.
> *réplique :* toute intervention orale d'un personnage dans le dialogue théâtral.

6 Relisez attentivement les plaintes des deux hommes entre les lignes 18 et 34 de la scène 9. En quoi sont-elles similaires (de quoi se plaignent-ils ? pourquoi trouvent-ils la froideur des femmes injuste ?...) ? En quoi sont-elles différentes (observez les tournures de phrase et le registre de langue de chacun des personnages) ?

7 Quels défauts de Lucile Covielle met-il successivement en évidence à la scène 9, à partir de la ligne 60 ? Pourquoi dresse-t-il un tel portrait de la jeune fille ?

8 L'argumentation de Covielle a-t-elle été efficace ? Pourquoi ?

9 Retrouvez, dans la scène 10, une illustration du comique de langage, une autre du comique de situation, enfin une du comique de gestes.

Les figures de style

Procédés d'écriture qui consistent à s'écarter du langage quotidien afin de convaincre le lecteur ou de le toucher (la comparaison, la métaphore, la périphrase, par exemple).

ÉTUDIER LA GRAMMAIRE : REVOIR LA VOIX PASSIVE

10 Dans le morceau de phrase : *« l'aventure dont vous vous plaignez a été causée ce matin par la présence d'une vieille tante »* (scène 10, l. 119-120), qui fait l'action du verbe *causer* ? Quelle est donc la fonction du groupe *« par la présence d'une vieille tante »* ? À quelle voix est le verbe *« a été causée »* ? À quel mode et à quel temps est ce verbe ? Pour vous aider, rappelez-vous qu'il faut identifier le mode et le temps de l'auxiliaire.

11 Justifiez l'accord du participe passé *« causée »*.

12 Réécrivez la phrase en la faisant débuter par : « La présence d'une vieille tante… ». Quelle est alors la fonction de ce groupe ? et celle du groupe *« l'aventure […] plaignez »* ?

13 Mettez à la voix passive la phrase : « La seule présence d'un homme déshonore une fille », puis indiquez tous les changements que vous avez effectués.

Questionnaire | 93

⑭ Faites la même transformation en mettant le verbe successivement à tous les temps simples de l'indicatif, puis à tous les temps composés de l'indicatif (huit formes au total).

À VOS PLUMES !

⑮ Il vous est déjà arrivé d'être mal reçu alors que vous veniez annoncer une bonne nouvelle. Racontez la scène, en introduisant un dialogue dans votre récit qui sera, lui, écrit dans le système du passé. Au moins deux de vos phrases seront à la voix passive, et vous soulignerez les verbes employés à cette voix.

MISE EN SCÈNE

⑯ La scène 9 peut être jouée sur un ton plutôt comique ou plutôt tragique. Un partie de la classe choisira la première possibilité, une autre la seconde, en ayant pris soin, auparavant, de réfléchir aux jeux de scène, au ton sur lequel doivent être dites certaines répliques. Ajoutez des didascalies pour vous aider à mettre en scène efficacement.

94 | *Le Bourgeois gentilhomme* de Molière

SCÈNE 11

MME JOURDAIN, CLÉONTE, LUCILE, COVIELLE, NICOLE

MME JOURDAIN – Je suis bien aise de vous voir, Cléonte, et vous voilà tout à propos. Mon mari vient; prenez vite votre temps[1] pour lui demander Lucile en mariage.

CLÉONTE – Ah! madame, que cette parole m'est douce, et qu'elle flatte mes désirs! Pouvais-je recevoir un ordre plus charmant, une faveur plus précieuse?

SCÈNE 12

M. JOURDAIN, MME JOURDAIN, CLÉONTE,
LUCILE, COVIELLE, NICOLE

CLÉONTE – Monsieur, je n'ai voulu prendre personne pour vous faire une demande que je médite il y a longtemps. Elle me touche assez pour m'en charger moi-même; et, sans autre détour, je vous dirai que l'honneur d'être votre gendre est une faveur glorieuse que je vous prie de m'accorder.

M. JOURDAIN – Avant que de vous rendre réponse, monsieur, je vous prie de me dire si vous êtes gentilhomme.

CLÉONTE – Monsieur, la plupart des gens sur cette question n'hésitent pas beaucoup. On tranche le mot[2] aisément. Ce nom ne fait aucun scrupule à prendre, et l'usage aujourd'hui semble en autoriser le vol. Pour moi, je vous avoue, j'ai les sentiments sur cette matière un peu plus délicats; je trouve que toute imposture est indigne d'un honnête homme, et qu'il y a de la lâcheté à déguiser ce que le Ciel nous a fait naître, à se parer aux yeux du monde d'un titre dérobé, à se vouloir donner pour ce qu'on n'est pas. Je suis né de parents,

---

1. prenez vite votre temps : saisissez vite l'occasion. **2. le mot :** la question.

Acte III, Scène 12 | 95

sans doute, qui ont tenu des charges[1] honorables. Je me sui
acquis dans les armes l'honneur de six ans de services, et je m
trouve assez de bien pour tenir dans le monde un rang asse
20 passable. Mais, avec tout cela, je ne veux point me donner u
nom où d'autres en ma place croiraient pouvoir prétendre, e
je vous dirai franchement que je ne suis point gentilhomme.

M. JOURDAIN – Touchez là[2], monsieur : ma fille n'est pas pou
vous.

25 CLÉONTE – Comment ?

M. JOURDAIN – Vous n'êtes point gentilhomme, vous n'aure
pas ma fille.

MME JOURDAIN – Que voulez-vous donc dire avec votre gen
tilhomme ? est-ce que nous sommes, nous autres, de la côt
30 de saint Louis[3] ?

M. JOURDAIN – Taisez-vous, ma femme : je vous vois venir.

MME JOURDAIN – Descendons-nous tous deux que de bonn
bourgeoisie ?

M. JOURDAIN – Voilà pas[4] le coup de langue[5] ?

35 MME JOURDAIN – Et votre père n'était-il pas marchand aus
bien que le mien ?

M. JOURDAIN – Peste soit de la femme ! Elle n'y a jamais man
qué. Si votre père a été marchand, tant pis pour lui ; ma
pour le mien, ce sont des malavisés[6] qui disent cela. Tout c
40 que j'ai à vous dire, moi, c'est que je veux avoir un gendr
gentilhomme.

Notes

1. **charges** : fonctions publiques, dignités.
2. **Touchez là** : touchez-moi la main (normalement en signe d'accord).
3. **de la côte de saint Louis** : de noblesse ancienne, qui descend du roi saint Louis ;

on peut dire aussi : « né de la cuisse de Jupiter ».
4. **Voilà pas** : ne voilà-t-il pas...
5. **coup de langue** : médisance.
6. **malavisés** : mal informés.

96 | *Le Bourgeois gentilhomme* de Molière

Mme Jourdain – Il faut à votre fille un mari qui lui soit propre[1], et il vaut mieux pour elle un honnête homme riche et bien fait, qu'un gentilhomme gueux[2] et mal bâti.

Nicole – Cela est vrai. Nous avons le fils du gentilhomme de notre village, qui est le plus grand malitorne[3] et le plus sot dadais que j'aie jamais vu.

M. Jourdain – Taisez-vous, impertinente. Vous vous fourrez toujours dans la conversation. J'ai du bien assez pour ma fille, je n'ai besoin que d'honneur, et je la veux faire marquise.

Mme Jourdain – Marquise ?

M. Jourdain – Oui, marquise.

Mme Jourdain – Hélas ! Dieu m'en garde !

M. Jourdain – C'est une chose que j'ai résolue.

Mme Jourdain – C'est une chose, moi, où je ne consentirai point. Les alliances avec plus grand que soi sont sujettes toujours à de fâcheux inconvénients. Je ne veux point qu'un gendre puisse à ma fille reprocher ses parents, et qu'elle ait des enfants qui aient honte de m'appeler leur grand-maman. S'il fallait qu'elle me vînt visiter en équipage[4] de grand-dame, et qu'elle manquât par mégarde à saluer quelqu'un du quartier, on ne manquerait pas aussitôt de dire cent sottises. « Voyez-vous, dirait-on, cette madame la marquise qui fait tant la glorieuse[5], c'est la fille de monsieur Jourdain, qui était trop heureuse, étant petite, de jouer à la madame avec nous. Elle n'a pas toujours été si relevée[6] que la voilà, et ses deux grands-pères vendaient du drap auprès de la porte Saint-Innocent[7]. Ils ont amassé du bien à leurs enfants, qu'ils payent mainte-

---

1. **propre** : approprié.
2. **gueux** : vivant d'aumônes.
3. **malitorne** : mal bâti, maladroit.
4. **équipage** : tout ce qui constitue le train de vie extérieur ou intérieur (valets, chevaux, habits...).

5. **glorieuse** : vaniteuse, fière.
6. **relevée** : prétentieuse, hautaine.
7. **porte Saint-Innocent** : porte du cimetière des Saints-Innocents, dans le quartier marchand de Paris, de nos jours quartier des Halles.

nant peut-être bien cher en l'autre monde, et l'on ne devien
70 guère si riches à être honnêtes gens. » Je ne veux point tous ce
caquets et je veux un homme, en un mot, qui m'ait obligatio
de[1] ma fille, et à qui je puisse dire : « Mettez-vous là, mo
gendre, et dînez avec moi. »

M. JOURDAIN – Voilà bien les sentiments d'un petit esprit, d
75 vouloir demeurer toujours dans la bassesse. Ne me réplique
pas davantage : ma fille sera marquise en dépit de tout l
monde ; et si vous me mettez en colère, je la ferai duchess
(Il sort.)

MME JOURDAIN – Cléonte, ne perdez point courage encor
80 Suivez-moi, ma fille, et venez dire résolument à votre pèr
que si vous ne l'avez, vous ne voulez épouser personne.

SCÈNE 13

CLÉONTE, COVIELLE

1 COVIELLE – Vous avez fait de belles affaires avec vos beaux sen
timents.

CLÉONTE – Que veux-tu ? j'ai un scrupule là-dessus, qu
l'exemple[2] ne saurait vaincre.

5 COVIELLE – Vous moquez-vous, de le prendre sérieusemer
avec un homme comme cela ? Ne voyez-vous pas qu'il e
fou ? et vous coûtait-il quelque chose de vous accommoder
ses chimères[3] ?

CLÉONTE – Tu as raison ; mais je ne croyais pas qu'il fallût fai
10 ses preuves de noblesse pour être gendre de monsieur Jour
dain.

Notes

1. **qui m'ait obligation de** : qui me soit
reconnaissant de lui avoir donné.
2. **l'exemple** : de ceux qui usurpent
les titres de noblesse.

3. **chimères** : illusions, idées folles
et irréalisables.

98 | *Le Bourgeois gentilhomme* de Molière

COVIELLE – Ah, ah, ah !

CLÉONTE – De quoi ris-tu ?

COVIELLE – D'une pensée qui me vient pour jouer notre homme, et vous faire obtenir ce que vous souhaitez.

CLÉONTE – Comment ?

COVIELLE – L'idée est tout à fait plaisante.

CLÉONTE – Quoi donc ?

COVIELLE – Il s'est fait depuis peu une certaine mascarade[1] qui vient[2] le mieux du monde ici, et que je prétends faire entrer dans une bourle[3] que je veux faire à notre ridicule. Tout cela sent un peu sa comédie ; mais avec lui on peut hasarder toute chose, il n'y faut point chercher tant de façons, et il est homme à y jouer son rôle à merveille, à donner aisément dans toutes les fariboles[4] qu'on s'avisera de lui dire. J'ai les acteurs, j'ai les habits tout prêts : laissez-moi faire seulement.

CLÉONTE – Mais apprends-moi…

COVIELLE – Je vais vous instruire de tout. Retirons-nous, le voilà qui revient.

---

1. mascarade : sorte de comédie où l'on se déguise.
2. vient : convient.

3. bourle : plaisanterie, tromperie burlesque.
4. fariboles : choses ou propos frivoles et irréalisables.

Acte III, Scène 13 | 99

Au fil du texte

Questions sur l'acte III, scènes 11 à 13 (pages 95 à 99)

AVEZ-VOUS BIEN LU ?

1 Comment Mme Jourdain conçoit-elle le gendre idéal ? Et M. Jourdain

2 Les rapports entre ces deux personnages se sont-ils améliorés ?

3 Que reproche Covielle à son maître dans la scène 13 ?

4 Quelles sont les deux justifications que donne alors Cléonte ?

5 Relevez, dans cette même scène, la phrase qui montre que Covielle veut être un adjuvant* efficace pour son maître. Le spectateur connaît-il avec précision l'idée du serviteur ? Pourquoi ?

> ***adjuvant :** qui aide quelqu'un.

ÉTUDIER LE DISCOURS ET LE GENRE

6 Relevez, dans la tirade* de Cléonte à la scène 12, les mots ou expressions appartenant au champ lexical du mensonge. Que pouvez-vous en déduire sur les qualités du personnage ?

> ***tirade :** très longue réplique.

7 Pourquoi, dans la scène 12, Lucile ne prend-elle pas la parole, alo que c'est de son sort qu'il est question ?

8 Dans les comédies, les idées de ruse viennent souvent des serviteu Connaissez-vous des pièces où tel est le cas ? Pensez, par exempl aux comédies *Le Malade imaginaire* et *Les Fourberies de Scapin*.

100 | *Le Bourgeois gentilhomme* de Molière

ÉTUDIER LA GRAMMAIRE :
L'EXPRESSION DE LA CONSÉQUENCE

Dans la scène 12, M. Jourdain répond à Cléonte : « *Vous n'êtes point gentilhomme, vous n'aurez pas ma fille.* » Par quel moyen grammatical la conséquence est-elle exprimée ?

Mettez en évidence la conséquence dans une proposition subordonnée conjonctive, puis dans une proposition indépendante coordonnée.

Pourquoi la formulation utilisée par Molière est-elle la meilleure ?

Inversez maintenant l'ordre des propositions pour mettre en valeur la cause, dans une subordonnée d'abord, puis dans une indépendante coordonnée, enfin grâce à un participe présent.

ÉTUDIER LE VOCABULAIRE

M. Jourdain évoque deux titres de noblesse qu'il désire pour sa fille : quels sont-ils ? Recherchez les titres de noblesse masculins qui existaient à cette époque et classez-les par ordre croissant.

Cléonte fait allusion à la « fausse noblesse », aux lignes 12 à 16 de la scène 12. Faites une recherche pour savoir exactement comment l'on pouvait être « noble » à l'époque de Louis XIV.

À VOS PLUMES !

Lucile écrit à l'une de ses amies pour lui raconter l'entrevue entre ses parents et Cléonte. Vous respecterez les caractéristiques de la lettre et utiliserez le langage du XVIIᵉ siècle. Attention à ne pas faire d'anachronismes*.

> **anachronisme :* erreur qui consiste à attribuer à une époque des idées, des coutumes, des événements, des objets qui appartiennent à une autre époque.

16 Mme Jourdain dit : « *Les alliances avec plus grand que soi sont sujettes toujours à de fâcheux inconvénients.* » Pensez-vous que les mariages entre gens très différents, que ce soit par la condition sociale, la nationalité, la religion ou autres, posent effectivement des problèmes ? Vous répondrez à cette question par au moins deux paragraphes argumentés et illustrés d'exemples. Vous rédigerez également une introduction et une conclusion rapides.

SCÈNE 14

M. JOURDAIN, LAQUAIS

M. JOURDAIN – Que diable est-ce là! ils n'ont rien que les grands seigneurs à me reprocher; et moi, je ne vois rien de si beau que de hanter¹ les grands seigneurs : il n'y a qu'honneur et que civilité² avec eux, et je voudrais qu'il m'eût coûté deux doigts de la main, et être né comte ou marquis.

LAQUAIS – Monsieur, voici monsieur le comte, et une dame qu'il mène par la main.

M. JOURDAIN – Hé mon Dieu! j'ai quelques ordres à donner. Dis-leur que je vais venir ici tout à l'heure.

SCÈNE 15

DORIMÈNE, DORANTE, LAQUAIS

LAQUAIS – Monsieur dit comme cela qu'il va venir ici tout à l'heure.

DORANTE – Voilà qui est bien.

DORIMÈNE – Je ne sais pas, Dorante, je fais encore ici³ une étrange démarche, de me laisser amener par vous dans une maison où je ne connais personne.

DORANTE – Quel lieu voulez-vous donc, madame, que mon amour choisisse pour vous régaler, puisque, pour fuir l'éclat, vous ne voulez ni votre maison, ni la mienne?

DORIMÈNE – Mais vous ne dites pas que je m'engage insensiblement, chaque jour, à recevoir de trop grands témoignages de votre passion? J'ai beau me défendre des choses, vous fatiguez ma résistance, et vous avez une civile opiniâtreté⁴ qui me fait

---

1. hanter : fréquenter assidûment.
2. civilité : bonnes manières.
3. ici : en ce moment.
4. civile opiniâtreté : obstination aimable.

Acte III, Scène 15 | 103

venir doucement à tout ce qu'il vous plaît. Les visites fré
15　quentes ont commencé ; les déclarations sont venues ensuite
qui après elles ont traîné[1] les sérénades et les cadeaux que le
présents ont suivis. Je me suis opposée à tout cela, mais vou
ne vous rebutez point, et pied à pied vous gagnez[2] mes réso
lutions. Pour moi, je ne puis plus répondre de rien, et je croi
20　qu'à la fin vous me ferez venir au mariage, dont je me sui
tant éloignée.

DORANTE – Ma foi ! madame, vous y devriez déjà être. Vou
êtes veuve, et ne dépendez que de vous. Je suis maître d
moi, et vous aime plus que ma vie. À quoi tient-il que dè
25　aujourd'hui vous ne fassiez tout mon bonheur ?

DORIMÈNE – Mon Dieu ! Dorante, il faut des deux parts bie
des qualités pour vivre heureusement ensemble ; et les deu
plus raisonnables personnes du monde ont souvent peine
composer une union dont ils soient satisfaits.

30　DORANTE – Vous vous moquez, madame, de vous y figurer tar
de difficultés ; et l'expérience que vous avez faite ne conclu
rien pour tous les autres.

DORIMÈNE – Enfin, j'en reviens toujours là : les dépenses que j
vous vois faire pour moi m'inquiètent par deux raisons : l'une
35　qu'elles m'engagent plus que je ne voudrais ; et l'autre, que j
suis sûre, sans vous déplaire, que vous ne les faites point qu
vous ne vous incommodiez[3] ; et je ne veux point cela.

DORANTE – Ah ! madame, ce sont des bagatelles[4] ; et ce n'e
pas par là…

40　DORIMÈNE – Je sais ce que je dis ; et, entre autres, le diamar
que vous m'avez forcée à prendre est d'un prix…

Notes

1. **traîné** : entraîné.
2. **gagnez** : vainquez.
3. **incommodiez** : mettiez dans l'embarras
(d'un point de vue financier).

4. **bagatelles** : choses de peu
d'importance.

104 | *Le Bourgeois gentilhomme* de Molière

DORANTE – Eh! madame, de grâce, ne faites point tant valoir une chose que mon amour trouve indigne de vous; et souffrez… Voici le maître du logis.

SCÈNE 16

M. JOURDAIN, DORIMÈNE, DORANTE, LAQUAIS

M. JOURDAIN, *après avoir fait deux révérences, se trouvant trop près de Dorimène.* – Un peu plus loin, madame.

DORIMÈNE – Comment?

M. JOURDAIN – Un pas, s'il vous plaît.

DORIMÈNE – Quoi donc?

M. JOURDAIN – Reculez un peu, pour la troisième[1].

DORANTE – Madame, monsieur Jourdain sait son monde[2].

M. JOURDAIN – Madame, ce m'est une gloire bien grande de me voir assez fortuné pour être si heureux que d'avoir le bonheur que vous avez eu la bonté de m'accorder la grâce de me faire l'honneur de m'honorer de la faveur de votre présence; et si j'avais aussi le mérite pour mériter un mérite comme le vôtre, et que le Ciel… envieux de mon bien… m'eût accordé… l'avantage de me voir digne… des…

DORANTE – Monsieur Jourdain, en voilà assez : madame n'aime pas les grands compliments, et elle sait que vous êtes homme d'esprit. *(Bas, à Dorimène.)* C'est un bon bourgeois assez ridicule, comme vous voyez, dans toutes ses manières.

DORIMÈNE, *bas, à Dorante.* – Il n'est pas malaisé de s'en apercevoir.

DORANTE – Madame, voilà le meilleur de mes amis.

---

1. troisième : troisième révérence.   **2. sait son monde** : connaît les usages de la bonne société.

M. JOURDAIN – C'est trop d'honneur que vous me faites.

DORANTE – Galant homme tout à fait.

DORIMÈNE – J'ai beaucoup d'estime pour lui.

M. JOURDAIN – Je n'ai rien fait encore, madame, pour mérite cette grâce.

DORANTE, *bas, à M. Jourdain.* – Prenez garde au moins à ne lu point parler du diamant que vous lui avez donné.

M. JOURDAIN – Ne pourrais-je pas seulement lui demande comment elle le trouve ?

DORANTE – Comment ? gardez-vous-en bien : cela serait vilain à vous, et pour agir en galant homme, il faut que vous fassie comme si ce n'était pas vous qui lui eussiez fait ce présen Monsieur Jourdain, madame, dit qu'il est ravi de vous vo chez lui.

DORIMÈNE – Il m'honore beaucoup.

M. JOURDAIN, *bas, à Dorante.* – Que je vous suis obligé, mor sieur, de lui parler ainsi pour moi !

DORANTE, *bas, à M. Jourdain.* – J'ai eu une peine effroyable à faire venir ici.

M. JOURDAIN, *bas, à Dorante.* – Je ne sais quelles grâces vous e rendre.

DORANTE – Il dit, madame, qu'il vous trouve la plus belle pe sonne du monde.

DORIMÈNE – C'est bien de la grâce qu'il me fait.

M. JOURDAIN – Madame, c'est vous qui faites les grâces[2] ; et..

DORANTE – Songeons à manger.

LAQUAIS – Tout est prêt, monsieur.

Notes

1. **vilain :** digne d'un paysan, vulgaire.

2. **c'est vous qui faites les grâces :** c'es vous qui me faites la grâce (le pluriel re la formule de M. Jourdain maladroite).

106 | *Le Bourgeois gentilhomme* de Molière

DORANTE – Allons donc nous mettre à table, et qu'on fasse venir les musiciens.

(Six cuisiniers, qui ont préparé le festin, dansent ensemble, et font le troisième intermède ; après quoi ils apportent une table couverte de plusieurs mets.)

Acte III, Scène 16

Au fil du texte

Questions sur l'acte III, scènes 14 à 16 (pages 103 à 107)

AVEZ-VOUS BIEN LU ?

❶ Complétez le texte suivant : Avant la scène 15, nous avions entend[u] parler de Dorimène. Nous savions que son titre de nobless[e] était ...., que .... était amoureux d'elle [et] qu'il lui avait offert un .... par l'intermédiai[re] de .... à la scène 15, nous apprenons qu[e] .... aussi est amoureux d'elle, qu'elle est libr[e] de tout engagement, car elle est ...., et qu'elle env[i]sage d'épouser .... Elle s'inquiète néanmoins d[u] .... que Dorante fait pour elle, pour deux raisons parce que .... et parce qu'........................... .

❷ Quels risques Dorante prend-il dans ces scènes ? Quelle[s] précautions ?

❸ De quelles qualités fait-il donc preuve ? Quel jugement portez-vou[s] sur lui ?

❹ Quels sentiments M. Jourdain vous inspire-t-il ?

ÉTUDIER LE DISCOURS
ET LE GENRE

❺ Pourquoi était-il important que M. Jourdain soit absent de la scène 15 ?

❻ Pourquoi les répliques des lignes 1 à 7 de la scène 16 sont-elles comiques* ?

*comique :
on distingue
traditionnellemen[t]
plusieurs formes [de]
comiques, appelé[es]
aussi « ressorts
comiques » :
comique de
gestes, de mots,
de situation, de
caractère, de
contraste, de
répétition ; ces
divers ressorts
peuvent se
combiner au sein
d'une même scèn[e]

108 | *Le Bourgeois gentilhomme* de Molière

1 Expliquez ce qui rend le « compliment » de M. Jourdain, au début de la scène 16, à la fois ridicule et comique.

ÉTUDIER LA GRAMMAIRE : LES PAROLES RAPPORTÉES

3 Dorante rapporte indirectement les « fausses » paroles du bourgeois en disant : « *Monsieur Jourdain, madame, dit qu'il est ravi de vous voir chez lui.* » Transformez cette phrase pour que les paroles de M. Jourdain soient rapportées directement. Quelles modifications avez-vous faites ?

3 Écrivez, en les rapportant directement, les paroles que M. Jourdain aurait aimé dire à Dorimène et que Dorante lui déconseille fortement.

À VOS PLUMES !

10 M. Jourdain évoque devant Dorimène le diamant qu'il lui a offert : imaginez la scène et écrivez le dialogue entre les trois personnages. Dorante pourra, encore une fois, tirer son épingle du jeu ou, au contraire, être confondu. La scène comportera une quinzaine de répliques.

11 Réécrivez le compliment de M. Jourdain pour qu'il ne soit pas ridicule.

MISE EN SCÈNE, LECTURE D'IMAGE

12 Comment les personnages doivent-ils être placés, à la scène 16, pour que le dialogue soit vraisemblable ?

13 Quel moment de la scène le dessin de la page 107 illustre-t-il ? Quel sentiment lisez-vous sur le visage des personnages ?

Questionnaire | 109

Acte IV

SCÈNE 1

Dorante, Dorimène, M. Jourdain,
deux musiciens, une musicienne, laquais

1   Dorimène – Comment, Dorante? voilà un repas tout à fai[t] magnifique!

M. Jourdain – Vous vous moquez, madame, et je voudrai[s] qu'il fût plus digne de vous être offert.

5   *(Tous se mettent à table*

Dorante – Monsieur Jourdain a raison, madame, de parle[r] de la sorte, et il m'oblige[1] de vous faire si bien les honneu[rs] de chez lui. Je demeure d'accord avec lui que le repas n'e[st] pas digne de vous. Comme c'est moi qui l'ai ordonné et qu[e]
10 je n'ai pas sur cette matière les lumières de nos amis, vou[s] n'avez pas ici un repas fort savant, et vous y trouverez de[s] incongruités[2] de bonne chère[3], et des barbarismes[4] de bo[nne]

Notes
1. **m'oblige** : me fait plaisir.
2. **incongruités** : fautes (terme de grammaire).
3. **bonne chère** : concernant la bonne nourriture, le raffinement des repas.
4. **barbarismes** : fautes graves portant atteinte à la pureté du langage (terme de grammaire).

110 | *Le Bourgeois gentilhomme* de Molière

goût. Si Damis s'en était mêlé, tout serait dans les règles; il y aurait partout de l'élégance et de l'érudition, et il ne manquerait pas de vous exagérer[1] lui-même toutes les pièces du repas qu'il vous donnerait, et de vous faire tomber d'accord de sa haute capacité dans la science des bons morceaux, de vous parler d'un pain de rive à biseau doré[2], relevé de croûte partout, croquant tendrement sous la dent, d'un vin à sève veloutée, armé d'un vert qui n'est point trop commandant[3], d'un carré de mouton gourmandé[4] de persil; d'une longe[5] de veau de rivière[6], longue comme cela, blanche, délicate, et qui sous les dents est une vraie pâte d'amande; de perdrix relevées d'un fumet surprenant; et pour son opéra[7], d'une soupe à bouillon perlé[8], soutenue d'un jeune gros dindon cantonné[9] de pigeonneaux, et couronnée d'oignons blancs mariés avec la chicorée. Mais pour moi, je vous avoue mon ignorance; et comme monsieur Jourdain a fort bien dit, je voudrais que le repas fût plus digne de vous être offert.

DORIMÈNE – Je ne réponds à ce compliment qu'en mangeant comme je fais.

M. JOURDAIN – Ah! que voilà de belles mains!

DORIMÈNE – Les mains sont médiocres, monsieur Jourdain; mais vous voulez parler du diamant, qui est fort beau.

M. JOURDAIN – Moi, madame! Dieu me garde d'en vouloir parler, ce ne serait pas agir en galant homme, et le diamant est fort peu de chose.

---

1. exagérer : mettre en valeur.
2. pain de rive à biseau doré : pain bien doré de tous les côtés, en particulier sur le biseau (tranche), parce qu'il a été cuit sur le bord du four (la rive).
3. un vert [...] trop commandant : ayant un goût de vin nouveau, mais pas trop acide.
4. gourmandé : assaisonné.

5. longe : partie comprise entre le bas de l'épaule et la queue.
6. veau de rivière : veau très gras élevé dans les prairies qui bordent la Seine ou des rivières.
7. opéra : chef-d'œuvre.
8. bouillon perlé : bouillon de viande bien fait.
9. cantonné : garni aux quatre coins.

DORIMÈNE – Vous êtes bien dégoûté.

M. JOURDAIN – Vous avez trop de bonté…

DORANTE – Allons, qu'on donne du vin à monsieur Jourdain et à ces messieurs, qui nous feront la grâce de nous chanter un air à boire.

DORIMÈNE – C'est merveilleusement assaisonner la bonne chère que d'y mêler la musique, et je me vois ici admirablement régalée.

M. JOURDAIN – Madame, ce n'est pas…

DORANTE – Monsieur Jourdain, prêtons silence à ces messieurs ; ce qu'ils nous diront vaudra mieux que tout ce que nous pourrions dire.

(Les musiciens et la musicienne prennent des verres, chantent deux chansons à boire, et sont soutenus de toute la symphonie.)

PREMIÈRE CHANSON À BOIRE

Un petit doigt, Philis, pour commencer le tour[1].
Ah ! qu'un verre en vos mains a d'agréables charmes !
Vous et le vin, vous vous prêtez des armes,
Et je sens pour tous deux redoubler mon amour :
Entre lui, vous et moi, jurons, jurons, ma belle,
Une ardeur éternelle.

Qu'en mouillant votre bouche il en reçoit d'attraits,
Et que l'on voit par lui votre bouche embellie !
Ah ! l'un de l'autre, ils me donnent envie,
Et de vous et de lui je m'enivre à longs traits :
Entre lui, vous et moi, jurons, jurons, ma belle,
Une ardeur éternelle.

SECONDE CHANSON À BOIRE

Buvons, chers amis, buvons :
Le temps qui fuit nous y convie ;
Profitons de la vie

1. tour : tournée.

112 | *Le Bourgeois gentilhomme* de Molière

> *Autant que nous pouvons.*
> *Quand on a passé l'onde noire[1],*
> *Adieu le bon vin, nos amours ;*
> > *Dépêchons-nous de boire,*
> > *On ne boit pas toujours.*
> *Laissons raisonner les sots*
> *Sur le vrai bonheur de la vie ;*
> > *Notre philosophie*
> > *Le met parmi les pots.*
> *Les biens, le savoir et la gloire*
> *N'ôtent point les soucis fâcheux,*
> > *Et ce n'est qu'à bien boire*
> > *Que l'on peut être heureux.*
> *Sus, sus[2], du vin partout, versez, garçons, versez,*
> *Versez, versez toujours, tant qu'on[3] vous dise assez.*

DORIMÈNE – Je ne crois pas qu'on puisse mieux chanter, et cela est tout à fait beau.

M. JOURDAIN – Je vois encore ici, madame, quelque chose de plus beau.

DORIMÈNE – Ouais ! monsieur Jourdain est galant plus que je ne pensais.

DORANTE – Comment, madame ? pour qui prenez-vous monsieur Jourdain ?

M. JOURDAIN – Je voudrais bien qu'elle me prît pour ce que je dirais !

DORIMÈNE – Encore !

DORANTE – Vous ne le connaissez pas.

M. JOURDAIN – Elle me connaîtra quand il lui plaira.

---

1. onde noire : eau du Styx, fleuve des Enfers ; *passer l'onde noire* signifie donc « mourir ».

2. Sus, sus : interjection servant à encourager ; allons vite.
3. tant qu'on : jusqu'à ce qu'on.

95 DORIMÈNE – Oh! je le quitte[1].

DORANTE – Il est homme qui a toujours la riposte en main. Mais vous ne voyez pas que monsieur Jourdain, madame, mange tous les morceaux que vous touchez[2].

DORIMÈNE – Monsieur Jourdain est un homme qui me ravit.

100 M. JOURDAIN – Si je pouvais ravir votre cœur, je serais…

SCÈNE 2

MME JOURDAIN, M. JOURDAIN, DORIMÈNE, DORANTE, MUSICIENS, MUSICIENNES, LAQUAIS

1 MME JOURDAIN – Ah, ah! je trouve ici bonne compagnie, et je vois bien qu'on ne m'y attendait pas. C'est donc pour cette belle affaire-ci, monsieur mon mari, que vous avez eu tant d'empressement à m'envoyer dîner chez ma sœur? Je viens de 5 voir un théâtre[3] là-bas[4], et je vois ici un banquet à faire noce. Voilà comme vous dépensez votre bien, et c'est ainsi que vous festinez[5] les dames en mon absence, et que vous leur donnez la musique et la comédie, tandis que vous m'envoyez promener.

DORANTE – Que voulez-vous dire, madame Jourdain? et 10 quelles fantaisies[6] sont les vôtres, de vous aller mettre en tête que votre mari dépense son bien, et que c'est lui qui donne ce régale[7] à madame? Apprenez que c'est moi, je vous prie; qu'il ne fait seulement que me prêter sa maison, et que vous devriez un peu mieux regarder aux choses que vous dites.

Notes

1. **je le quitte** : j'y renonce.
2. **que vous touchez** : morceaux entamés et laissés par Dorimène qui se sert la première. À cette époque, on mangeait avec les mains.

3. **théâtre** : celui que Covielle a fait dresser pour la cérémonie turque.
4. **là-bas** : en bas.
5. **festinez** : régalez d'un festin.
6. **fantaisies** : idées extravagantes.
7. **régale** : fête.

114 | *Le Bourgeois gentilhomme* de Molière

M. JOURDAIN – Oui, impertinente, c'est monsieur le comte qui donne tout ceci à madame, qui est une personne de qualité. Il me fait l'honneur de prendre ma maison, et de vouloir que je sois avec lui.

MME JOURDAIN – Ce sont des chansons que cela : je sais ce que je sais.

DORANTE – Prenez, madame Jourdain, prenez de meilleures lunettes.

MME JOURDAIN – Je n'ai que faire de lunettes, monsieur, et je vois assez clair ; il y a longtemps que je sens les choses, et je ne suis pas une bête. Cela est fort vilain à vous, pour un grand seigneur, de prêter la main comme vous faites aux sottises de mon mari. Et vous, madame, pour une grand-dame, cela n'est ni beau ni honnête à vous, de mettre de la dissension[1] dans un ménage, et de souffrir[2] que mon mari soit amoureux de vous.

DORIMÈNE – Que veut donc dire tout ceci ? Allez, Dorante, vous vous moquez, de m'exposer aux sottes visions de cette extravagante.

DORANTE, *suivant Dorimène qui sort.* – Madame, holà ! madame, où courez-vous ?

M. JOURDAIN – Madame, monsieur le comte, faites-lui excuses, et tâchez de la ramener. Ah ! impertinente que vous êtes ! voilà de vos beaux faits ; vous me venez faire des affronts devant tout le monde, et vous chassez de chez moi des personnes de qualité.

MME JOURDAIN – Je me moque de leur qualité.

M. JOURDAIN – Je ne sais qui me tient, maudite, que je ne vous fende la tête avec les pièces du repas que vous êtes venue troubler.

(On ôte la table.)

---

1. dissension : discorde.   **2. souffrir :** supporter, tolérer.

Acte IV, Scène 2 | 115

45 MME JOURDAIN, *sortant*. – Je me moque de cela. Ce sont me
droits que je défends, et j'aurai pour moi toutes les femmes.

M. JOURDAIN – Vous faites bien d'éviter ma colère. *(Seul.)* Ell
est arrivée là bien malheureusement. J'étais en humeur d
dire de jolies choses, et jamais je ne m'étais senti tant d'espri
50 Qu'est-ce que c'est que cela?

Au fil du texte

Questions sur l'acte IV, scènes 1 et 2 (pages 110 à 116)

Avez-vous bien lu ?

Quelle précaution, prise à l'acte précédent, sauve Dorante d'une situation délicate, à la scène 1 ?

Dans la scène 2, l'arrivée de Mme Jourdain est-elle une surprise pour le spectateur ? Pourquoi ? Pour qui est-elle une mauvaise surprise ?

Comment Dorante, une fois de plus, sauve-t-il la situation, à la scène 2 ?

Qui croit les affirmations de Dorante, dans cette scène 2 ?

Étudier le discours et le genre

À la scène 1, Dorante coupe deux fois la parole à M. Jourdain : à quel signe de ponctuation le voyez-vous ?

Contre qui Mme Jourdain, dans la scène 2, laisse-t-elle successivement éclater sa colère ? Que reproche-t-elle à chacune de ces personnes ?

Au cours de la scène 2, une « chanson à boire » est interprétée : de quoi s'agit-il ? En connaissez-vous d'autres ?

Étudier la grammaire

Relisez la dernière réplique* de la scène 1. Terminez la phrase de M. Jourdain. À quel mode et à quel temps est le verbe de la principale ? et celui de la subordonnée ?

> *réplique : toute intervention orale d'un personnage dans le dialogue théâtral.

Par quel mot la subordonnée est-elle introduite ? Quelle est la fonction de cette subordonnée ?

Questionnaire | 117

10 Transformez la phrase en la faisant débuter par : « Si je peux rav
votre cœur... » Indiquez les temps et mode des verbes des deux pro
positions. Faites ensuite débuter la phrase par : « Si j'avais pu rav
votre cœur... », et nommez à nouveau les temps et mode utilisés.

11 Parmi ces trois phrases, laquelle est au potentiel ? à l'irréel du pré
sent ? à l'irréel du passé ? Quelle différence de sens faites-vous entr
les trois ? Justifiez alors la formulation qu'utilise M. Jourdain.

12 De quel mode est suivie la conjonction *si* ?

ÉTUDIER LE VOCABULAIRE

13 Recherchez la définition des mots suivants : *la gastronomie, un ch*
(dans un restaurant), *l'œnologie, un cru* (en matière de vin).

À VOS PLUMES !

14 Imaginez que vous êtes le chef d'un restaurant et que vous vene
proposer à une table un menu idéal, en donnant les détails néce
saires pour mettre l'eau à la bouche des clients. N'oubliez pas d
proposer les vins qui accompagnent les mets.

118 | *Le Bourgeois gentilhomme* de Molière

SCÈNE 3

COVIELLE, *déguisé*, M. JOURDAIN, LAQUAIS

COVIELLE – Monsieur, je ne sais pas si j'ai l'honneur d'être connu de vous.

M. JOURDAIN – Non, monsieur.

COVIELLE – Je vous ai vu que vous n'étiez pas plus grand que cela.

M. JOURDAIN – Moi!

COVIELLE – Oui, vous étiez le plus bel enfant du monde, et toutes les dames vous prenaient dans leurs bras pour vous baiser.

M. JOURDAIN – Pour me baiser!

COVIELLE – Oui. J'étais grand ami de feu[1] monsieur votre père.

M. JOURDAIN – De feu monsieur mon père!

COVIELLE – Oui. C'était un fort honnête gentilhomme.

M. JOURDAIN – Comment dites-vous?

COVIELLE – Je dis que c'était un fort honnête gentilhomme.

M. JOURDAIN – Mon père!

COVIELLE – Oui.

M. JOURDAIN – Vous l'avez fort connu?

COVIELLE – Assurément.

M. JOURDAIN – Et vous l'avez connu pour[2] gentilhomme?

COVIELLE – Sans doute.

M. JOURDAIN – Je ne sais donc pas comment le monde est fait.

COVIELLE – Comment?

M. JOURDAIN – Il y a de sottes gens qui me veulent dire qu'il a été marchand.

---

1. feu : décédé, mort.　　　　　**2. pour :** comme étant.

Acte IV, Scène 3 | 119

COVIELLE – Lui, marchand ! C'est pure médisance, il ne l'a
jamais été. Tout ce qu'il faisait, c'est qu'il était fort obligeant[1],
fort officieux[2], et comme il se connaissait fort bien en étoffes,
il en allait choisir de tous les côtés, les faisait apporter chez lui,
30   et en donnait à ses amis pour de l'argent.

M. JOURDAIN – Je suis ravi de vous connaître, afin que vous
rendiez ce témoignage-là, que mon père était gentilhomme.

COVIELLE – Je le soutiendrai devant tout le monde.

M. JOURDAIN – Vous m'obligerez. Quel sujet vous amène ?

35   COVIELLE – Depuis avoir connu feu monsieur votre père, honnête gentilhomme, comme je vous ai dit, j'ai voyagé par tout
le monde.

M. JOURDAIN – Par tout le monde !

COVIELLE – Oui.

40   M. JOURDAIN – Je pense qu'il y a bien loin en ce pays-là.

COVIELLE – Assurément. Je ne suis revenu de tous mes longs
voyages que depuis quatre jours ; et par l'intérêt que je prends
à tout ce qui vous touche, je viens vous annoncer la meilleure
nouvelle du monde.

45   M. JOURDAIN – Quelle ?

COVIELLE – Vous savez que le fils du Grand Turc[3] est ici ?

M. JOURDAIN – Moi ? Non.

COVIELLE – Comment ? il a un train[4] tout à fait magnifique ;
tout le monde le va voir, et il a été reçu en ce pays comme un
50   seigneur d'importance.

M. JOURDAIN – Par ma foi ! je ne savais pas cela.

COVIELLE – Ce qu'il y a d'avantageux pour vous, c'est qu'il est
amoureux de votre fille.

Notes

1. **obligeant** : qui aime à faire plaisir.
2. **officieux** : serviable.

3. **Grand Turc** : empereur des Turcs.
4. **train** : suite de valets, de chevaux, etc.

Le Bourgeois gentilhomme de Molière

M. JOURDAIN – Le fils du Grand Turc?

COVIELLE – Oui; et il veut être votre gendre.

M. JOURDAIN – Mon gendre, le fils du Grand Turc!

COVIELLE – Le fils du Grand Turc votre gendre. Comme je le fus voir et que j'entends parfaitement sa langue, il s'entretint avec moi; et, après quelques autres discours, il me dit : *«Acciam croc soler ouch alla moustaph gidelum amanahem varahini oussere carbulath»,* c'est-à-dire : «N'as-tu point vu une jeune belle personne, qui est la fille de monsieur Jourdain, gentilhomme parisien?»

M. JOURDAIN – Le fils du Grand Turc dit cela de moi?

COVIELLE – Oui. Comme je lui eus répondu que je vous connaissais particulièrement, et que j'avais vu votre fille : *«Ah!* me dit-il, *marababa sahem»;* c'est-à-dire : «Ah! que je suis amoureux d'elle!»

M. JOURDAIN – Marababa sahem veut dire : «Ah! que je suis amoureux d'elle»?

COVIELLE – Oui.

M. JOURDAIN – Par ma foi! vous faites bien de me le dire, car pour moi je n'aurais jamais cru que *marababa sahem* eût voulu dire : «Ah! que je suis amoureux d'elle!» Voilà une langue admirable que ce turc!

COVIELLE – Plus admirable qu'on ne peut croire. Savez-vous bien ce que veut dire *cacaracamouchen*?

M. JOURDAIN – *Cacaracamouchen*? Non.

COVIELLE – C'est-à-dire : «Ma chère âme».

M. JOURDAIN – *Cacaracamouchen* veut dire : «Ma chère âme»?

COVIELLE – Oui.

M. JOURDAIN – Voilà qui est merveilleux! *Cacaracamouchen,* «Ma chère âme». Dirait-on jamais cela? Voilà qui me confond.

Acte IV, Scène 3

COVIELLE – Enfin, pour achever mon ambassade[1], il vient vou
demander votre fille en mariage ; et pour avoir un beau-pèr
qui soit digne de lui, il veut vous faire *Mamamouchi*[2], qui es
une certaine grande dignité de son pays.

M. JOURDAIN – *Mamamouchi* ?

COVIELLE – Oui, *Mamamouchi* ; c'est-à-dire, en notre langue
paladin[3]. Paladin, ce sont de ces anciens… Paladin enfin.
n'y a rien de plus noble que cela dans le monde, et vous ire
de pair avec les plus grands seigneurs de la Terre.

M. JOURDAIN – Le fils du Grand Turc m'honore beaucou
et je vous prie de me mener chez lui pour lui en faire me
remerciements.

COVIELLE – Comment ? le voilà qui va venir ici.

M. JOURDAIN – Il va venir ici ?

COVIELLE – Oui ; et il amène toutes les choses pour la cérémo
nie de votre dignité.

M. JOURDAIN – Voilà qui est bien prompt.

COVIELLE – Son amour ne peut souffrir aucun retardement[4].

M. JOURDAIN – Tout ce qui m'embarrasse ici, c'est que ma fil
est une opiniâtre, qui s'est allée mettre dans la tête un certai
Cléonte, et elle jure de n'épouser personne que celui-là.

COVIELLE – Elle changera de sentiment quand elle verra
fils du Grand Turc ; et puis il se rencontre ici une aventu
merveilleuse, c'est que le fils du Grand Turc ressemble à
Cléonte, à peu de chose près. Je viens de le voir, on me
montré ; et l'amour qu'elle a pour l'un pourra passer aiséme
à l'autre, et… Je l'entends venir : le voilà.

Notes

1. **ambassade** : mission.
2. **Mamamouchi** : vraisemblablement, ce mot, créé par Molière, signifie « propre

à rien », d'après l'arabe *ma menou schi* (« non chose bonne »).
3. **paladin** : nom donné aux seigneurs d
la cour de Charlemagne.
4. **retardement** : retard.

SCÈNE 4

CLÉONTE, en Turc, *avec trois pages portant sa veste*,
M. JOURDAIN, COVIELLE, déguisé

CLÉONTE – *Ambousahim oqui boraf, Iordina salamalequi*[1].

COVIELLE – C'est-à-dire : « Monsieur Jourdain, votre cœur soit toute l'année comme un rosier fleuri. » Ce sont façons de parler obligeantes de ces pays-là.

M. JOURDAIN – Je suis très humble serviteur de Son Altesse Turque.

COVIELLE – *Carigar camboto oustin moraf.*

CLÉONTE – *Oustin yoc*[2] *catamalequi basum base alla moram.*

COVIELLE – Il dit : « Que le Ciel vous donne la force des lions et la prudence des serpents ! »

M. JOURDAIN – Son Altesse Turque m'honore trop, et je lui souhaite toutes sortes de prospérités.

COVIELLE – *Ossa binamen sadoc babally oracaf ouram.*

CLÉONTE – *Bel-men*[3].

COVIELLE – Il dit que vous alliez vite avec lui vous préparer pour la cérémonie, afin de voir ensuite votre fille, et de conclure le mariage.

M. JOURDAIN – Tant de choses en deux mots ?

COVIELLE – Oui, la langue turque est comme cela, elle dit beaucoup en peu de paroles. Allez vite où il souhaite.

---

1. salamalequi : déformation pour le mot *salamalec*, d'origine arabe et signifiant « que la paix soit sur ta tête ».

2. yoc : pour *yok* signifiant « non » en turc.

3. Bel-men : du turc *Bilmen* signifiant « Je ne sais pas ».

Acte IV, Scène 4 | 123

SCÈNE 5

DORANTE, COVIELLE

1 COVIELLE – Ha, ha, ha! Ma foi! cela est tout à fait drôle. Quel[le] dupe! Quand il aurait appris son rôle par cœur, il ne pourra[it] pas le mieux jouer. Ah, ah. Je vous prie, monsieur, de nou[s] vouloir aider céans, dans une affaire qui s'y passe.

5 DORANTE – Ah, ah! Covielle, qui t'aurait reconnu? Comm[e] te voilà ajusté[1]!

COVIELLE – Vous voyez. Ah, ah!

DORANTE – De quoi ris-tu?

COVIELLE – D'une chose, monsieur, qui le mérite bien.

10 DORANTE – Comment?

COVIELLE – Je vous le donnerais en bien des fois[2], monsieur, [à] deviner le stratagème dont nous nous servons auprès de Mon[n]sieur Jourdain, pour porter son esprit à donner sa fille à mo[n] maître.

15 DORANTE – Je ne devine point le stratagème[3], mais je devine qu'[il] ne manquera pas de faire son effet, puisque tu l'entreprends.

COVIELLE – Je sais, monsieur, que la bête vous est connue[4].

DORANTE – Apprends-moi ce que c'est.

COVIELLE – Prenez la peine de vous tirer[5] un peu plus loin, po[ur]
20 faire place à ce que j'aperçois venir. Vous pourrez voir u[ne] partie de l'histoire, tandis que je vous conterai le reste.

(La cérémonie turque pour ennoblir[6] le Bourgeois se fait en danse et [en] musique, et compose le quatrième intermède.)

Notes

1. **ajusté** : arrangé, déguisé.
2. **Je vous [...] fois** : terme de jeu par lequel on défie quelqu'un de faire mieux que soi.
3. **stratagème** : ruse.

4. **la bête [...] connue** : vous me connaissez bien.
5. **tirer** : retirer.
6. **ennoblir** : anoblir.

Le Mufti[1], quatre Dervis[2], six Turcs dansant, six Turcs musiciens, et autres joueurs d'instruments à la turque, sont les acteurs de cette cérémonie.

Le Mufti invoque Mahomet avec les douze Turcs et les quatre Dervis ; après on lui amène le Bourgeois, vêtu à la turque, sans turban et sans sabre, auquel il chante ces paroles :

TEXTE	TRADUCTION

LE MUFTI

Se ti sabir[3],	Si toi savoir,
Ti respondir ;	Toi, répondre ;
Se non sabir,	Si non savoir,
Tazir, tazir.	Te taire, te taire.
Mi star Mufti,	Moi être Mufti :
Ti qui star ti ?	Toi, qui être, toi ?
Non intendir :	(Toi) pas entendre
	[comprendre :
Tazir, tazir.	Te taire, te taire.

Le Mufti demande, en même langue, aux Turcs assistants de quelle religion est le Bourgeois, et ils l'assurent qu'il est mahométan. Le Mufti invoque Mahomet en langue franque[4], et chante les paroles qui suivent :

LE MUFTI

Mahametta per Giourdina	Mahomet, pour Jourdain,
Mi pregar sera e mattina :	Moi prier soir et matin :
Voler far un Paladina	Vouloir faire un Paladin
Dé Giourdina, dé Giourdina.	De Jourdain, de Jourdain.

---

1. Mufti : chef de la religion musulmane chargé d'interpréter le Coran et de résoudre les litiges juridiques et religieux.
2. Dervis : moines musulmans.

3. Se ti sabir : ces couplets sont écrits dans un jargon appelé « sabir ». C'était un mélange de français, d'italien, d'espagnol et d'arabe.
4. franque : parlée par les Francs.

Dar turbanta, é dar scarcina,	Donner turban, et donner [cimeterr
Con galera é brigantina,	Avec galère et brigantine,
Per deffender Palestina.	Pour défendre Palestine.
Mahametta, etc.	Mahomet, etc.

50   Le Mufti demande aux Turcs si le Bourgeois sera ferme dans la rel gion mahométane, et leur chante ces paroles :

LE MUFTI
Star bon Turca Giourdina	Être bon Turc, Jourdain ?

LES TURCS
Hi valla.	Je l'affirme par Dieu.

LE MUFTI DANSE ET CHANTE CES MOTS :
Hu la ba ba la chou ba la ba ba la da.

55   Les Turcs répondent les mêmes vers.
Le Mufti propose de donner le turban au Bourgeois, et chante paroles qui suivent :

LE MUFTI
Ti non star furba ?	Toi, pas être fourbe ?

LES TURCS
No, no, no.	Non, non, non.

LE MUFTI
60 *Non star furfanta ?*	Pas être fripon ?

LES TURCS
No, no, no.	Non, non, non.

LE MUFTI
Donar turbanta, donar turbanta.	Donner turban, donner [turba

Les Turcs répètent tout ce qu'a dit le Mufti pour donner le turb au Bourgeois. Le Mufti et les Dervis se coiffent avec des turbans cérémonies ; et l'on présente au Mufti l'Alcoran[1], qui fait une seconde invocation avec tout le reste des Turcs assistants ; après son invocation, il donne au Bourgeois l'épée, et chante ces paroles :

LE MUFTI

Ti star nobilé, é non star Toi être noble, et (cela)
     [*fabbola.*   [pas être fable.
Pigliar schiabbola.   Prendre sabre.

Les Turcs répètent les mêmes vers, mettant tous le sabre à la main, et six d'entre eux dansent autour du Bourgeois, auquel ils feignent de donner plusieurs coups de sabre.

Le Mufti commande aux Turcs de bâtonner le Bourgeois, et chante les paroles qui suivent :

LE MUFTI

Dara, dara,   Donner, donner…,
Bastonnara, bastonnara.   Bâtonner, bâtonner.

Les Turcs répètent les mêmes vers, et lui donnent plusieurs coups de bâton en cadence.

Le Mufti, après l'avoir fait bâtonner, lui dit en chantant :

LE MUFTI

Non tenar honta :   Ne pas avoir honte :
Questa star ultima affronta. Celui-ci être (le) dernier
              [affront.

Les Turcs répètent les mêmes vers.

---

1. Alcoran : le Coran, livre qui contient la loi religieuse de Mahomet.

Le Mufti recommence une invocation, et se retire après la cérémonie avec tous les Turcs, en dansant et chantant avec plusieurs instruments à la turquesque[1].

---
1. **turquesque** : manière turque.

Au fil du texte

Questions sur l'acte IV, scènes 3 à 5 (pages 119 à 128)

AVEZ-VOUS BIEN LU ?

Covielle affirme-t-il à M. Jourdain les faits suivants ? Si ce n'est pas le cas, corrigez l'affirmation.

a) Le Grand Turc est amoureux de Lucile.

b) J'étais un ami de votre père.

c) Votre père était gentilhomme.

d) Je suis revenu de voyage depuis quatre semaines.

e) Le fils du Grand Turc veut vous faire *Mamamouchi*.

f) *Mamamouchi* signifie « grand médecin ».

g) Le fils du Grand Turc ressemble à Cléonte.

h) *Cacaracamouchen* signifie « mon tendre amour ».

Expliquez pourquoi Covielle se montre très habile dans le choix et dans l'ordre des révélations qu'il fait à la scène 3. Quels points sensibles du bourgeois touche-t-il ?

M. Jourdain songe-t-il au bonheur de sa fille ?

Dans quel clan Dorante se place-t-il à la scène 5 ?

Remettez dans l'ordre les différentes étapes de la cérémonie turque : Coups de bâton – Remise du sabre – Enquête sur les qualités de M. Jourdain – Remise du turban.

Questionnaire | 129

ÉTUDIER LE DISCOURS ET LE GENRE

6 Qu'ont en commun les scènes 4 et 5 de l'acte IV et la scène de l'acte II ? Pensez aux découvertes que fait M. Jourdain et à se réactions.

7 Tout ce qui est révélé et tout ce qui se passe dans ces scènes vou paraît-il vraisemblable ? Est-ce important ? Quel est donc le genre d la pièce ?

Le genre théâtral

Une pièce peut être une comédie, une tragédie, une tragi-comédie, un drame, un vaudeville, une farce…

ÉTUDIER LE VOCABULAIRE

8 Qu'ont de particulier les formules de politesse du fils du Grand Turc

9 De façon plus générale, quelles remarques pouvez-vous faire sur langue turque telle que la présente Molière ?

ÉTUDIER LA GRAMMAIRE :
LE COMPARATIF ET LE SUPERLATIF

10 Aux lignes 91-92 de la scène 3, relevez un comparatif. Est-il d'inf riorité, d'égalité ou de supériorité ?

11 Aux mêmes lignes, relevez un superlatif. Est-il relatif ou absolu ?

12 Pourquoi Covielle utilise-t-il ces formes ?

13 Donnez le comparatif de supériorité et le superlatif relatif des adje tifs suivants : *bon, mauvais, petit.*

130 | *Le Bourgeois gentilhomme* de Molière

À VOS PLUMES !

Dans certains pays, il existait ou existe encore des cérémonies pour remettre un titre, une distinction, pour marquer l'arrivée à un âge charnière… Connaissez-vous de telles cérémonies, d'hier ou d'aujourd'hui ? Recherchez ce qu'était autrefois un adoubement, ce qu'est une intronisation.

Imaginez que Covielle, à la fin de l'acte IV, aille trouver Nicole pour lui raconter son stratagème. Vous écrirez une quinzaine de répliques* au cours desquelles les deux serviteurs riront de la ruse. Utilisez le registre de langue adapté.

> *réplique : toute intervention orale d'un personnage dans le dialogue théâtral.

Questionnaire | 131

Acte V

SCÈNE 1

MME JOURDAIN, M. JOURDAIN

MME JOURDAIN – Ah mon Dieu! miséricorde! Qu'est-ce qu c'est donc que cela? Quelle figure[1]! Est-ce un momon[2] q vous allez porter; et est-il temps d'aller en masque? Parl donc, qu'est-ce que c'est que ceci? Qui vous a fagoté comm cela?

M. JOURDAIN – Voyez l'impertinente, de parler de la sorte à u *Mamamouchi*!

MME JOURDAIN – Comment donc?

M. JOURDAIN – Oui, il me faut porter du respect maintenar et l'on vient de me faire *Mamamouchi*.

MME JOURDAIN – Que voulez-vous dire avec votre *Man mouchi*?

M. JOURDAIN – *Mamamouchi,* vous dis-je. Je suis *Mamamouch*

MME JOURDAIN – Quelle bête est-ce là?

---

1. **figure** : aspect extérieur.

2. **momon** : pendant le carnaval, défi que se portent au jeu des personnages masqués.

132 *Le Bourgeois gentilhomme* de Molière

M. JOURDAIN – *Mamamouchi,* c'est-à-dire, en notre langue, paladin.

MME JOURDAIN – Baladin[1]! Êtes-vous en âge de danser des ballets?

M. JOURDAIN – Quelle ignorante! Je dis paladin : c'est une dignité dont on vient de me faire la cérémonie.

MME JOURDAIN – Quelle cérémonie donc?

M. JOURDAIN – *Mahametta per Iordina.*

MME JOURDAIN – Qu'est-ce que cela veut dire?

M. JOURDAIN – *Iordina,* c'est-à-dire Jourdain.

MME JOURDAIN – Hé bien! quoi, Jourdain?

M. JOURDAIN – *Voler far un Paladina de Iordina.*

MME JOURDAIN – Comment?

M. JOURDAIN – *Dar turbanta con galera.*

MME JOURDAIN – Qu'est-ce à dire cela?

M. JOURDAIN – *Per deffender Palestina.*

MME JOURDAIN – Que voulez-vous donc dire?

M. JOURDAIN – *Dara dara bastonara.*

MME JOURDAIN – Qu'est-ce donc que ce jargon-là?

M. JOURDAIN – *Non tener honta : questa star l'ultima affronta.*

MME JOURDAIN – Qu'est-ce que c'est donc que tout cela?

M. JOURDAIN *danse et chante.* – *Hou la ba, ba la chou, ba la ba, ba la da.*

MME JOURDAIN – Hélas, mon Dieu! mon mari est devenu fou.

M. JOURDAIN, *sortant.* – Paix! insolente, portez respect à monsieur le *Mamamouchi.*

MME JOURDAIN – Où est-ce qu'il a donc perdu l'esprit? Courons l'empêcher de sortir. *(Apercevant Dorimène et Dorante.)* Ah,

---

1. **Baladin :** danseur ordinaire de ballet.

Acte V, Scène 1 | 133

ah, voici justement le reste de notre écu[1]. Je ne vois que chagrin de tous les côtés. *(Elle sort.)*

SCÈNE 2

DORANTE, DORIMÈNE

1 DORANTE – Oui, madame, vous verrez la plus plaisante chose qu'on puisse voir; et je ne crois pas que dans tout le monde il soit possible de trouver encore un homme aussi fou que celui-là. Et puis, madame, il faut tâcher de servir l'amour de
5 Cléonte, et d'appuyer toute sa mascarade[2] : c'est un fort galant homme, et qui mérite que l'on s'intéresse pour lui[3].

DORIMÈNE – J'en fais beaucoup de cas, et il est digne d'une bonne fortune[4].

DORANTE – Outre cela, nous avons ici, madame, un ballet qui
10 nous revient, que nous ne devons pas laisser perdre, et il faut bien voir si mon idée pourra réussir.

DORIMÈNE – J'ai vu là des apprêts magnifiques, et ce sont des choses, Dorante, que je ne puis plus souffrir. Oui, je veux enfin vous empêcher vos profusions, et, pour rompre le cours
15 à toutes les dépenses que je vous vois faire pour moi, j'ai résolu de me marier promptement avec vous : c'en est le vrai secret, et toutes ces choses finissent avec le mariage.

DORANTE – Ah! madame, est-il possible que vous ayez pu prendre pour moi une si douce résolution?

20 DORIMÈNE – Ce n'est que pour vous empêcher de vous ruiner; et, sans cela, je vois bien qu'avant qu'il fût peu, vous n'auriez pas un sou.

Notes

1. **le reste de notre écu** : ce qui complète notre malheur.
2. **mascarade** : travestissement.

3. **s'intéresse pour lui** : entre dans ses intérêts.
4. **bonne fortune** : bonheur.

134 | *Le Bourgeois gentilhomme* de Molière

DORANTE – Que j'ai d'obligation, madame, aux soins que vous avez de conserver mon bien! Il est entièrement à vous, aussi bien que mon cœur, et vous en userez de la façon qu'il vous plaira.

DORIMÈNE – J'userai bien de tous les deux. Mais voici votre homme; la figure en est admirable.

SCÈNE 3

M. JOURDAIN, DORANTE, DORIMÈNE

DORANTE – Monsieur, nous venons rendre hommage, madame et moi, à votre nouvelle dignité, et nous réjouir avec vous du mariage que vous faites de votre fille avec le fils du Grand Turc.

M. JOURDAIN, *après avoir fait les révérences à la turque.* – Monsieur, je vous souhaite la force des serpents et la prudence des lions.

DORIMÈNE – J'ai été bien aise d'être des premières, monsieur, à venir vous féliciter du haut degré de gloire où vous êtes monté.

M. JOURDAIN – Madame, je vous souhaite toute l'année votre rosier fleuri; je vous suis infiniment obligé de prendre part aux honneurs qui m'arrivent, et j'ai beaucoup de joie de vous voir revenue ici pour vous faire les très humbles excuses de l'extravagance de ma femme.

DORIMÈNE – Cela n'est rien, j'excuse en elle un pareil mouvement; votre cœur lui doit être précieux, et il n'est pas étrange que la possession d'un homme comme vous puisse inspirer quelques alarmes.

M. JOURDAIN – La possession de mon cœur est une chose qui vous est toute acquise.

DORANTE – Vous voyez, madame, que monsieur Jourdain n'e
pas de ces gens que les prospérités aveuglent, et qu'il sait, dar
sa gloire, connaître encore ses amis.

DORIMÈNE – C'est la marque d'une âme tout à fait généreuse.

25 DORANTE – Où est donc Son Altesse Turque ? Nous voudrior
bien, comme vos amis, lui rendre nos devoirs.

M. JOURDAIN – Le voilà qui vient, et j'ai envoyé quérir ma fill
pour lui donner la main[1].

SCÈNE 4

CLÉONTE, *habillé en Turc*, COVIELLE, *déguisé*,
M. JOURDAIN, DORIMÈNE, DORANTE

1 DORANTE, *à Cléonte*. – Monsieur, nous venons faire la révéren
à Votre Altesse, comme amis de monsieur votre beau-père,
l'assurer avec respect de nos très humbles services.

M. JOURDAIN – Où est le truchement[2] pour lui dire qui vo
5 êtes, et lui faire entendre ce que vous dites ? Vous verrez qu'
vous répondra, et il parle turc à merveille. Holà ! où diant
est-il allé ? *(À Cléonte.) Strouf, strif, strof, straf.* Monsieur est u
grande Segnore, grande Segnore, grande Segnore; et Madame u
granda Dama, granda Dama. Ahi, lui, monsieur, lui *Mam*
10 *mouchi* français, et madame *Mamamouchie* française : je 1
puis pas parler plus clairement. Bon, voici l'interprète. C
allez-vous donc ? nous ne saurions rien dire sans vous. Dite
lui un peu que monsieur et madame sont des personnes ·
grande qualité[3], qui lui viennent faire la révérence, comm
15 mes amis, et l'assurer de leurs services. Vous allez voir comn
il va répondre.

Notes

1. donner la main : promettre le mariage.   **3. de grande qualité :** de haute nobless
2. truchement : interprète.

136 | *Le Bourgeois gentilhomme* de Molière

COVIELLE – *Alabala crociam acci boram alabamen.*

CLÉONTE – *Catalequi tubal ourin soter amalouchan.*

M. JOURDAIN – Voyez-vous.

COVIELLE – Il dit que la pluie des prospérités arrose en tout temps le jardin de votre famille !

M. JOURDAIN – Je vous l'avais bien dit, qu'il parle turc.

DORANTE – Cela est admirable.

Au fil du texte

Questions sur l'acte V, scènes 1 à 4 (pages 132 à 137)

AVEZ-VOUS BIEN LU ?

1 Mme Jourdain reparaît sur la scène. Quand l'avait-elle quittée ? Da[...] quel état d'esprit était-elle ?

2 A-t-elle toutes les informations pour comprendre l'accoutrement [...] le comportement de son mari ?

3 Pourquoi M. Jourdain reprend-il des phrases de la cérémonie turqu[...]

4 Dans une pièce, certaines scènes se répondent en écho. De quel[...] scène la scène 1 peut-elle se rapprocher ?

5 Pourquoi Dorimène a-t-elle accepté de revenir dans la maison [...] bourgeois ?

6 Expliquez comment l'une des intrigues se résout dans la scène 2.

7 Dorante et Dorimène sont-ils sincères dans la scène 3 ? Justifi[...] votre réponse.

ÉTUDIER LE DISCOURS

8 Par quels termes successifs M. Jourdain apostrophe-t-il sa femm[...] la scène 1 ? Quels traits de caractère du bourgeois sont ainsi mis [...] évidence ?

9 Quels sont les sentiments de Mme Jourdain à l'égard de son mari à la scène 1 ? Pour répondre, étudiez le type de phrases qu'elle utilise et le champ lexical* dominant de sa première réplique.

> *champ lexical :* ensemble des mots et expressions se rapportant à un même thème.

10 M. Jourdain continue à se montrer ridicule et donc comique. De quels types de comiques est-il à

138 | *Le Bourgeois gentilhomme* de Molière

l'origine dans la scène 1, puis dans sa première réplique de la scène 3, enfin dans sa tirade de la scène 4 ?

---

es formes de comique

On distingue traditionnellement plusieurs formes de comiques, appe-ées aussi « ressorts comiques » : comique de gestes, de mots, de ituation, de caractère, de contraste, de répétition ; ces divers ressorts euvent se combiner au sein d'une même scène.

ÉTUDIER LA GRAMMAIRE : LES EXPANSIONS DU NOM

Relevez, dans les quatre premières répliques de la scène 3, toutes les expansions des noms en donnant la nature de chacune d'entre elles.

Imaginez ce que M. Jourdain pourrait souhaiter de plus à Dorimène, en ajoutant à la première réplique de la scène 3 deux autres noms suivis chacun d'un complément de détermination.

SCÈNE 5

LUCILE, M. JOURDAIN, DORANTE, DORIMÈNE, CLÉONTE,
COVIELLE

1 M. JOURDAIN – Venez, ma fille, approchez-vous et venez donner votre main à monsieur, qui vous fait l'honneur de vou
demander en mariage.

LUCILE – Comment, mon père, comme vous voilà fait! est-c
5 une comédie que vous jouez?

M. JOURDAIN – Non, non, ce n'est pas une comédie, c'est un
affaire sérieuse, et la plus pleine d'honneur pour vous qui
peut souhaiter. Voilà le mari que je vous donne.

LUCILE – À moi, mon père!

10 M. JOURDAIN – Oui, à vous : allons, touchez-lui dans la mai
et rendez grâce au Ciel de votre bonheur.

LUCILE – Je ne veux point me marier.

M. JOURDAIN – Je le veux, moi qui suis votre père.

LUCILE – Je n'en ferai rien.

15 M. JOURDAIN – Ah! que de bruit! Allons, vous dis-je. Ça vot
main.

LUCILE – Non, mon père, je vous l'ai dit, il n'est point de pouvo
qui me puisse obliger à prendre un autre mari que Cléonte;
me résoudrai plutôt à toutes les extrémités, que de... *(Reco
20 naissant Cléonte.)* Il est vrai que vous êtes mon père, je vo
dois entière obéissance, et c'est à vous à disposer de moi selo
vos volontés.

M. JOURDAIN – Ah! je suis ravi de vous voir si prompteme
revenue dans votre devoir, et voilà qui me plaît, d'avoir u
25 fille obéissante.

140 | *Le Bourgeois gentilhomme* de Molière

SCÈNE 6

Mme Jourdain, M. Jourdain, Cléonte, Lucile, Dorante, Dorimène, Covielle

Mme Jourdain – Comment donc? qu'est-ce que c'est que ceci? On dit que vous voulez donner votre fille en mariage à un carême-prenant[1]?

M. Jourdain – Voulez-vous vous taire, impertinente? Vous venez toujours mêler vos extravagances à toutes choses, et il n'y a pas moyen de vous apprendre à être raisonnable.

Mme Jourdain – C'est vous qu'il n'y a pas moyen de rendre sage, et vous allez de folie en folie. Quel est votre dessein, et que voulez-vous faire avec cet assemblage[2]?

M. Jourdain – Je veux marier notre fille avec le fils du Grand Turc.

Mme Jourdain – Avec le fils du Grand Turc!

M. Jourdain – Oui, faites-lui faire vos compliments par le truchement que voilà.

Mme Jourdain – Je n'ai que faire du truchement, et je lui dirai bien moi-même à son nez qu'il n'aura point ma fille.

M. Jourdain – Voulez-vous vous taire, encore une fois?

Dorante – Comment, madame Jourdain, vous vous opposez à un bonheur comme celui-là? Vous refusez Son Altesse Turque pour gendre?

Mme Jourdain – Mon Dieu, monsieur, mêlez-vous de vos affaires.

Dorimène – C'est une grande gloire, qui n'est pas à rejeter.

Mme Jourdain – Madame, je vous prie aussi de ne vous point embarrasser de ce qui ne vous touche pas.

---

1. **carême-prenant** : Mardi gras et, par extension, personne masquée pendant le carnaval; ici, personne ridiculement vêtue. 2. **assemblage** : mariage.

DORANTE – C'est l'amitié que nous avons pour vous qui nou fait intéresser dans vos avantages[1].

MME JOURDAIN – Je me passerai bien de votre amitié.

DORANTE – Voilà votre fille qui consent aux volontés de so
30 père.

MME JOURDAIN – Ma fille consent à épouser un Turc ?

DORANTE – Sans doute.

MME JOURDAIN – Elle peut oublier Cléonte ?

DORANTE – Que ne fait-on pas pour être grand-dame ?

35 MME JOURDAIN – Je l'étranglerais de mes mains, si elle avait fa un coup comme celui-là.

M. JOURDAIN – Voilà bien du caquet. Je vous dis que c mariage-là se fera.

MME JOURDAIN – Je vous dis, moi, qu'il ne se fera point.

40 M. JOURDAIN – Ah! que de bruit!

LUCILE – Ma mère.

MME JOURDAIN – Allez, vous êtes une coquine.

M. JOURDAIN – Quoi? vous la querellez de ce qu'elle m'obéit

MME JOURDAIN – Oui : elle est à moi aussi bien qu'à vous.

45 COVIELLE – Madame.

MME JOURDAIN – Que me voulez-vous conter, vous ?

COVIELLE – Un mot.

MME JOURDAIN – Je n'ai que faire de votre mot.

COVIELLE, *à M. Jourdain*. – Monsieur, si elle veut écouter u
50 parole en particulier, je vous promets de la faire consentir à que vous voulez.

MME JOURDAIN – Je n'y consentirai point.

COVIELLE – Écoutez-moi seulement.

Notes

1. **avantages** : intérêts.

142 | *Le Bourgeois gentilhomme* de Molière

MME JOURDAIN – Non.

M. JOURDAIN – Écoutez-le.

MME JOURDAIN – Non, je ne veux pas écouter.

M. JOURDAIN – Il vous dira...

MME JOURDAIN – Je ne veux point qu'il me dise rien.

M. JOURDAIN – Voilà une grande obstination de femme ! Cela vous fera-t-il mal de l'entendre ?

COVIELLE – Ne faites que m'écouter ; vous ferez après ce qu'il vous plaira.

MME JOURDAIN – Hé bien ! quoi ?

COVIELLE, *à part* – Il y a une heure, madame, que nous vous faisons signe. Ne voyez-vous pas bien que tout ceci n'est fait que pour nous ajuster aux visions de votre mari, que nous l'abusons sous ce déguisement, et que c'est Cléonte lui-même qui est le fils du Grand Turc ?

MME JOURDAIN – Ah ! ah !

COVIELLE – Et moi Covielle qui suis le truchement ?

MME JOURDAIN – Ah ! comme cela, je me rends.

COVIELLE – Ne faites pas semblant de rien[1].

MME JOURDAIN, *haut.* – Oui, voilà qui est fait, je consens au mariage.

M. JOURDAIN – Ah ! voilà tout le monde raisonnable. Vous ne vouliez pas l'écouter. Je savais bien qu'il vous expliquerait ce que c'est que le fils du Grand Turc.

MME JOURDAIN – Il me l'a expliqué comme il faut, et j'en suis satisfaite. Envoyons quérir un notaire.

DORANTE – C'est fort bien dit. Et afin, madame Jourdain, que vous puissiez avoir l'esprit tout à fait content, et que vous perdiez aujourd'hui toute la jalousie que vous pourriez avoir

---

1. **Ne faites [...] rien** : faites comme si de rien n'était.

conçue de monsieur votre mari, c'est que nous nous servirons
du même notaire pour nous marier, madame et moi.

85 MME JOURDAIN – Je consens aussi à cela.

M. JOURDAIN, *bas, à Dorante.* – C'est pour lui faire accroire[1]?

DORANTE, *bas, à M. Jourdain.* – Il faut bien l'amuser avec cette
feinte.

M. JOURDAIN – Bon, bon. *(Haut.)* Qu'on aille vite quérir
90 notaire.

DORANTE – Tandis qu'il viendra, et qu'il dressera les contrats,
voyons notre ballet, et donnons-en le divertissement à Son
Altesse Turque.

M. JOURDAIN – C'est fort bien avisé : allons prendre nos places.

95 MME JOURDAIN – Et Nicole?

M. JOURDAIN – Je la donne au truchement; et ma femme à qui
la voudra.

COVIELLE – Monsieur, je vous remercie. *(À part.)* Si l'on en peut
voir un plus fou, je l'irai dire à Rome.

100 *(La comédie finit par un petit ballet qui avait été préparé.)*

Notes

1. **faire accroire** : tromper.

144 *Le Bourgeois gentilhomme* de Molière

Au fil du texte

Questions sur l'acte V, scènes 5 et 6 (pages 140 à 144)

Avez-vous bien lu ?

À la scène 5, Lucile apparaît-elle aussi docile qu'auparavant ? Justifiez votre réponse.

Pourquoi obéit-elle finalement à son père ?

M. Jourdain s'étonne-t-il du brusque revirement de sa fille ? Est-ce vraisemblable ? Qu'en déduisez-vous sur le genre de la pièce ?

Quels sont les différents mouvements* de la scène 6 ? De quelle scène pouvez-vous la rapprocher ? Pourquoi ?

*mouvements : différentes parties suivant lesquelles le texte s'organise.

Étudier le discours et le genre

Tout le monde semble heureux à la fin de la scène 6 : expliquez les raisons du bonheur de chacun.

Pourtant, l'un des personnages n'a, en réalité, aucune raison de se réjouir. De qui s'agit-il et pourquoi ?

Grâce à quel personnage et par quel procédé théâtral la deuxième intrigue* de la pièce est-elle résolue ?

*intrigue : ensemble des situations et péripéties qui constituent l'action.

Le Bourgeois gentilhomme est une comédie-ballet : récapitulez tous les passages qui justifient cette appellation. Lequel avez-vous préféré ? Pourquoi ?

Questionnaire | 145

ÉTUDIER LA GRAMMAIRE

9 Aux lignes 26, 67-68 et 70 (scène 6), quel procédé grammatica[l] est utilisé pour convaincre Mme Jourdain ? À quelles personnes son[t] conjugués les verbes des subordonnées introduites par « qui » ?

10 Quel mode est employé dans la subordonnée de la ligne 76 ? Justifie[z] son emploi.

À VOS PLUMES

11 En trois paragraphes, expliquez quelles étaient les intentions de Molière en écrivant cette pièce. Dans le premier, vous développerez le fait qu'il s'agit d'une comédie ; dans le deuxième, vous évoquerez tout ce qui concerne la comédie-ballet ; dans le troisième, vous expliquerez le titre de la pièce, en mettant en évidence la satire* sociale.

*satire : discours, texte ou dessin qu[i] tourne en ridicule[r] les défauts de quelqu'un ou de son époque.

146 | *Le Bourgeois gentilhomme* de Molière

Ballet des nations

PREMIÈRE ENTRÉE

Un homme vient donner les livres du ballet[1], qui[2] d'abord est fatigué[3] par une multitude de gens de provinces différentes, qui crient en musique pour en avoir, et par trois importuns, qu'il trouve toujours sur ses pas.

DIALOGUE DES GENS
qui en musique demandent des livres

TOUS
À moi, Monsieur, à moi de grâce, à moi, Monsieur :
Un livre, s'il vous plaît, à votre serviteur.

HOMME DU BEL AIR[4]
Monsieur, distinguez-nous parmi les gens qui crient.
Quelques livres ici, les Dames vous en prient.

AUTRE HOMME DU BEL AIR
Holà ! Monsieur, Monsieur, ayez la charité
D'en jeter de notre côté.

---

1. **livres du ballet** : programmes.
2. **qui** : l'homme.
3. **fatigué** : importuné.
4. **du bel air** : aux manières raffinées.

FEMME DU BEL AIR

Mon Dieu ! qu'aux personnes bien faites[1]
On sait peu rendre honneur céans.

AUTRE FEMME DU BEL AIR

Ils n'ont des livres et des bancs
Que pour Mesdames les grisettes[2].

TEXTE	TRADUCTION

GASCON

15	*Aho ! l'homme aux libres,*	Hé ! l'homme aux livres,
	[qu'on m'en vaille[3] !	[qu'on m'en baille
	J'ai déjà lé poumon usé.	J'ai déjà le poumon usé.
	Bous boyez qué chacun mé	Vous voyez que chacun me
	[raille ;	[raille
	Et jé suis scandalisé	Et je suis scandalisé
20	*De boir és mains dé la canaille*	De voir dans les mains de
		[la canaill
	Cé qui m'est par bous refusé.	Ce qui m'est par vous refusé.

AUTRE GASCON

	Eh cadédis ! Monseu, boyez	Eh par la tête de Dieu !
	[qui l'on pût estre :	[Monsieur, voyez qui l'o
		peut bien être
	Un libret, je bous prie, au varon	Un livret, je vous prie,
	[d'Asbarat.	[au baron d'Asvara
	Jé pense, mordy, qué lé fat	Je pense, mordieu, que le fat
25	*N'a pas l'honnur dé mé*	N'a pas l'honneur de me
	[connoistre.	[connaîtr

LE SUISSE

	Mon'-sieur le donneur de	Monsieur le donneur de
	[papieir,	[papie

Notes

1. **bien faites** : distinguées.
2. **grisettes** : femmes coquettes de condition modeste.
3. **vaille** : le « v » remplace le « b » dans langage gascon parodié par Molière.

148 | *Le Bourgeois gentilhomme* de Molière

Que veul dir sty façon de fifre ?	Que veut dire cette façon de [vivre ?
Moy l'écorchair tout mon gosieir	Moi, j'écorche tout mon [gosier
A crieir,	À crier,
Sans que je pouvre afoir ein [*lifre :*	Sans que je puisse avoir un [livre :
Pardy, mon foy ! Mon'-sieur, [*je pense fous l'estre ifre.*	Pardieu, ma foi ! Monsieur, [je pense que vous êtes ivre.

VIEUX BOURGEOIS BABILLARD

De tout ceci, franc et net,
Je suis mal satisfait.
Et cela sans doute est laid,
Que notre fille,
Si bien faite et si gentille,
De tant d'amoureux l'objet,
N'ait pas à son souhait
Un livre de ballet,
Pour lire le sujet
Du divertissement qu'on fait,
Et que toute notre famille
Si proprement s'habille,
Pour être placée au sommet
De la salle, où l'on met
Les gens de Lantriguet[1] :
De tout ceci, franc et net,
Je suis mal satisfait,
Et cela sans doute est laid.

VIEILLE BOURGEOISE BABILLARDE

Il est vrai que c'est une honte,
Le sang au visage me monte,
Et ce jeteur de vers qui manque au capital[2]

---

1. Lantriguet : nom breton de Tréguier.   **2. au capital :** à l'essentiel.

Ballet des nations, Première entrée

L'entend fort mal ;
C'est un brutal,
55 *Un vrai cheval,*
Franc animal,
De faire si peu de compte
D'une fille qui fait l'ornement principal
Du quartier du Palais-Royal,
60 *Et que ces jours passés un comte*
Fut prendre la première au bal.
Il l'entend mal ;
C'est un brutal,
Un vrai cheval,
65 *Franc animal.*

HOMMES ET FEMMES DU BEL AIR

Ah ! quel bruit !

   Quel fracas !

      Quel chaos !

         Quel mélange !

Quelle confusion !

     Quelle cohue étrange !

Quel désordre !

    Quel embarras !

On y sèche.

   L'on n'y tient pas.

TEXTE	TRADUCTION
GASCON	
70 *Bentre ! jé suis à vout.*	Ventre ! je suis à bout.
AUTRE GASCON	
J'enrage, Diou mé damme !	J'enrage, Dieu me damme !
SUISSE	
Ah que ly faire saif dans sty	Ah ! qu'il fait soif dans cette
[sal de cians !	[salle de céar

GASCON

Jé murs.   Je meurs.

AUTRE GASCON

Jé perds la tramontane[1].   Je perds la tramontane.

SUISSE

Mon foy ! moy le foudrois   Ma foi ! Moi, je voudrais être
    [*estre hors de dedans.*   [dehors.

VIEUX BOURGEOIS BABILLARD

Allons, ma mie,
Suivez mes pas,
Je vous en prie,
Et ne me quittez pas :
On fait de nous trop peu de cas,
Et je suis las
De ce tracas :
Tout ce fatras,
Cet embarras
Me pèse par trop sur les bras,
S'il me prend jamais envie
De retourner de ma vie
À ballet ni comédie,
Je veux bien qu'on m'estropie.
Allons, ma mie,
Suivez mes pas,
Je vous en prie,
Et ne me quittez pas :
On fait de nous trop peu de cas.

VIEILLE BOURGEOISE BABILLARDE

Allons, mon mignon, mon fils[2],
Regagnons notre logis,
Et sortons de ce taudis,

---

1. tramontane : étoile polaire, qui jadis servait seule de guide aux navigateurs.

2. mon fils : terme d'amitié de la femme à son mari.

Ballet des nations, Première entrée | 151

Où l'on ne peut être assis :
Ils seront bien ébaubis[1]
Quand ils nous verront partis.
Trop de confusion règne dans cette salle,
Et j'aimerais mieux être au milieu de la Halle.
Si jamais je reviens à semblable régale,
Je veux bien recevoir des soufflets plus de six.
Allons, mon mignon, mon fils,
Regagnons notre logis,
Et sortons de ce taudis,
Où l'on ne peut être assis.

TOUS

À moi, Monsieur, à moi de grâce, à moi, Monsieur :
Un livre s'il vous plaît, à votre serviteur.

SECONDE ENTRÉE

Les trois importuns dansent

TROISIÈME ENTRÉE

TROIS MUSICIENS ESPAGNOLS

TEXTE	TRADUCTION
Sé que me muero de amor,	Je sais que je me meurs [d'amou
Y solicito el dolor.	Et je recherche la douleur.
Aun muriendo de querer,	Quoique mourant de désir,
De tan buen ayre adolezco,	Je dépéris de si bon air,
Que es màs de lo que padezco	Que ce que je désire souffrir
Lo que quiero padecer,	Est plus que ce que je souffre
Y no pudiendo exceder	Et la rigueur de mon mal

Notes

1. **ébaubis** : très surpris.

Le Bourgeois gentilhomme de Molière

A mi deseo el rigor.	Ne peut excéder mon désir.
Sé que me muero de amor,	Je sais que je meurs d'amour,
Y solicito el dolor.	Et je recherche la douleur.
Lisonxèame la suerte	Le sort me flatte
Con piedad tan advertida,	Avec une pitié si attentive,
Que me asegura la vida	Qu'il m'assure la vie
En el riesgo de la muerte.	Dans le danger de la mort.
Vivir de su golpe fuerte	Vivre d'un coup si fort
Es de mi salud primor.	Est le prodige de mon salut.
Sé que, etc.	Je sais, etc.

(Six Espagnols dansent.)

TROIS ESPAGNOLS chantent

¡ Ay ! qué locura, con tanto rigor	Ah! quelle folie, de se plaindre
Quexarse de Amor,	De l'Amour avec tant de [rigueur,
Del niño bonito	De l'enfant gentil
Que todo es dulçura !	Qui est la douceur même!
¡ Ay ! qué locura !	Ah! quelle folie!
¡ Ay ! qué locura !	Ah! quelle folie!

ESPAGNOLS chantant

El dolor solicita	La douleur tourmente
El que al dolor se da ;	Celui qui s'abandonne à la [douleur;
Y nadie de amor muere,	Et personne ne meurt [d'amour,
Sino quien no save amar.	Si ce n'est celui qui ne sait pas [aimer.

DEUX ESPAGNOLS

Dulce muerte es el amor	L'amour est une douce mort
Con correspondencia ygual ;	Quand on est payé de retour;
Y si ésta gozamos oy,	Et si nous en jouissons [aujourd'hui,
Porque la quieres turbar ?	Pourquoi la veux-tu troubler?

UN ESPAGNOL

Alégrese enamorado,	Que l'amant se réjouisse,
Y tome mi parecer;	Et adopte mon avis;
35 Que en esto de querer,	Car, lorsqu'on désire,
Todo es hallar el vado.	Tout est de trouver le moyen.

TOUS TROIS ensemble

¡ Vaya, vaya de fiestas!	Allons, allons, des fêtes!
¡ Vaya de vayle!	Allons, de la danse!
Alegria, alegria, alegria!	Gai, gai, gai!
40 Que esto de dolor es fantasia.	La douleur n'est qu'une
	[fantaisie

QUATRIÈME ENTRÉE

ITALIENS

UNE MUSICIENNE ITALIENNE
fait le premier récit, dont voici les paroles :

TEXTE	TRADUCTION
1 Di rigori armata il seno,	Ayant armé mon sein de
	[rigueur
Contro amor mi ribellai;	Je me révoltai contre l'amour
Ma fui vinta in un baleno	Mais je fus vaincue en un éclair
In mirar duo vaghi rai;	En regardant deux beaux
	[yeux
5 Ahi! che resiste puoco	Ah! qu'un cœur de glace
Cor di gelo a stral di fuoco!	Résiste peu à une flèche de feu
Ma sì càro è'l mio tormento,	Cependant mon tourment
	[m'est si cher
Dolce è si la piaga mia,	Et ma plaie est si douce
Ch'il penare è'l mio contento,	Que ma peine fait mon
	[bonheur
10 E'l sanarmi è tirannia,	Et que me guérir serait une
	[tyrannie

Ahi! che più giova e piace, Ah! plus l'amour est vif,
Quanto amor è piu vivace! Plus il a de charmes et cause
             [de plaisir!

Après l'air que la Musicienne a chanté, deux Scaramouches[1], deux Trivelins[2], et un Arlequin[3] représentent une nuit à la manière des comédiens italiens, en cadence.

(Un musicien italien se joint à la musicienne italienne, et chante avec elle les paroles qui suivent :)

LE MUSICIEN ITALIEN

Bel tempo che vola Le beau temps qui s'envole
Rapisce il contento; Emporte le plaisir;
D'Amor nella scola À l'école d'Amour
Si coglie il momento. On cueille le moment.

LA MUSICIENNE

Insin che florida Tant que l'âge en fleur
Ride l'età, Nous rit,
Che pur tropp' orrida L'âge qui trop promptement,
             [hélas!

Bis

Da noi s'en và, S'éloigne de nous,

TOUS DEUX

Sù cantiamo, Chantons,
Sù godiamo Jouissons
Ne' bei dì di gioventù : Dans les beaux jours de la
             [jeunesse :
Perduto ben non si racquista più. Un bien perdu ne se recouvre
             [plus.

---

1. Scaramouche : personnage bouffon de l'ancienne comédie italienne, habillé de noir de la tête aux pieds.
2. Trivelin : valet de la comédie italienne.

3. Arlequin : personnage bouffon de la comédie italienne vêtu d'un costume de toutes les couleurs.

MUSICIEN

30 *Pupilla che vaga*	Un œil dont la beauté
Mill' alme incatena	Enchaîne mille cœur
Fà dolce la piaga,	Fait douce la plaie,
Felice la pena.	Le mal qu'il cause est un
	[bonheur

MUSICIENNE

Ma poiche frigida	Mais quand languit
35 *Langue l'età,*	L'âge glacé
Più l'alma rigida	L'âme engourdie

BIS

Fiamme non ha.	N'a plus de feu.

TOUS DEUX

Sù cantiamo, etc.	Chantons, etc.

(Après le dialogue italien, les Scaramouches et Trivelin
40   dansent une réjouissance.)

CINQUIÈME ENTRÉE

FRANÇAIS

PREMIER MENUET

deux musiciens poitevins dansent,
et chantent les paroles qui suivent :

1   *Ah ! qu'il fait beau dans ces bocages !*
Ah ! que le ciel donne un beau jour !

AUTRE MUSICIEN

Le rossignol, sous ces tendres feuillages,
Chante aux échos son doux retour :
5   *Ce beau séjour,*
Ces doux ramages,

Ce beau séjour
Ce beau séjour
Nous invite à l'amour.

SECOND MENUET

TOUS DEUX ENSEMBLE

Vois, ma Climène,
Vois sous ce chêne
S'entre-baiser ces oiseaux amoureux ;
Ils n'ont rien dans leurs vœux
Qui les gêne ;
De leurs doux feux
Leur âme est pleine.
Qu'ils sont heureux !
Nous pouvons tous deux,
Si tu le veux,
Être comme eux.

(Six autres Français viennent après, vêtus galamment à la poitevine, trois en hommes et trois en femmes, accompagnés de huit flûtes et de hautbois, et dansent les menuets.)

SIXIÈME ENTRÉE

(Tout cela finit par le mélange des trois nations[1], et les applaudissements en danse et en musique de toute l'assistance, qui chante les deux vers qui suivent :)

Quels spectacles charmants, quels plaisirs goûtons-nous !
Les dieux mêmes, les dieux n'en ont point de plus doux.

---

1. **trois nations :** les Espagnols de la IIIe entrée, les Italiens de la IVe et les Français de la Ve.

Retour sur l'œuvre

➊ Mots croisés.

Horizontalement

I Lucile finit par le dire à son père lorsqu'il tente de lui imposer un mari

II Préposition. – Orgueilleux.

III Ses fous rires sont difficiles à calmer. – Conjonction d coordination.

IV « *Nicole, apportez-moi mes pantoufles* » en est.

V Son maître est traité de « *grand cheval de carrosse* ». – Préposition

VI Titre de la pièce en abrégé. – Conjonction de coordinatio précieuse.

VII Interjection.

VIII Il dit avoir très bien connu le père du personnage principal.

IX Adjectif possessif que le bourgeois aime utiliser. – Lettres finale de l'infinitif des verbes du deuxième groupe. – Après un repa comme celui que Damis organiserait, chaque convive le serait.

X Note de musique. – Préposition marquant la privation.

XI Participe passé d'un auxiliaire. – Voyelle redoublée. – Initiales de deux nobles de la pièce.

Verticalement

1 L'être est le rêve du personnage principal de la pièce.

2 Conjonction de coordination. – 3e personne du singulier du pré sent du subjonctif d'un auxiliaire.

3 Début de l'alphabet.

4 L'être est le grand regret du héros.

5 Ce que Covielle, déguisé, raconte au bourgeois à propos de so passé ne l'est pas.

6 De quarte ou de tierce lors de la leçon du Maître d'armes. Conjonction de coordination.

7 Initiales du surnom de Louis XIV. – Tout ce qui n'est point prose en es

8 Article défini masculin.

9 C'est ce que l'un des maîtres doit apprendre au bourgeois. Première et dernière lettre d'un animal qui dévore les agneaux.

10 Ce n'est ni le mien ni le sien. – Certains font mourir d'amour.

158 | *Le Bourgeois gentilhomme* de Molière

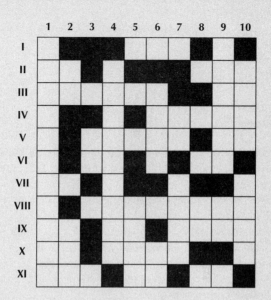

Complétez le texte.

Le Bourgeois gentilhomme a été écrit par Molière – dont le vrai nom est .... –, en ...., à la suite de la visite d'un .... au roi .... Molière met en scène M. Jourdain, un .... dont le souhait le plus cher est de ressembler aux gens de .... Il cherche à devenir cultivé et raffiné en prenant des leçons de ...., de .... et de .... Il découvre ainsi que tout ce qui n'est point vers est .... Il compte sur son « ami » .... pour l'aider à pénétrer l'univers des gentilshommes. Celui-ci joue un double jeu puisqu'il est censé transmettre à .... des cadeaux du bourgeois, mais fait croire que le ...., par exemple, est un effet de sa propre générosité. La femme de M. Jourdain, elle, songe surtout à trouver un .... pour sa fille. Celle-ci se prénomme .... et l'homme qu'elle aime s'appelle .... La servante de M. Jourdain, qui répond au nom de ...., est amoureuse de Coville,

Questionnaire | 159

le .... de .... Grâce à ....
qui se .... en envoyé du fils du ....
M. Jourdain, au cours d'une cérémonie, est fait ....
La pièce se clôt par un triple mariage : .... épouse
.... ; .... prend pour femme ....
.... ; et .... se marie avec ....
Cette pièce fait partie du genre de la ....

❸ Certaines répliques du *Bourgeois gentilhomme* sont restées célèbres
complétez-les en indiquant, chaque fois, quel personnage prononce
ces mots.

a) *« Donnez-moi ma robe pour* ....
(...................................)

b) *« Tout ce qui n'est point prose est* .... *et tout ce qui n'es*
point vers est .... *»* (...............................)

c) *« Quoi ! quand je dis : "Nicole, apportez-moi* ....
.........................", c'est de la .... ? *»* (...........................

d) *« Belle marquise, vos* ....
(...............................)

e) *« Vous parlez toutes deux comme des* .... *, et j'ai honte d*
votre .... *»* (...............................)

f) *« Tout sied bien aux* .... , *on* .... *tout des belles.*
(...............................)

g) *« Les alliances avec plus* .... *que soi sont sujettes tou*
jours à de .... *inconvénients. »* (...............................)

h) *« Ma fille sera* .... *en dépit de tout le monde ; et si vous m*
mettez en colère, je la ferai .... *»* (...............................

i) *« Je vous souhaite la* .... *des serpents et la prudenc*
des .... *»* (...............................)

j) *« Si l'on en peut voir un plus fou, je l'irai dire à* .... *»*
(...............................) **Le Bourgeois ge**
tilhomme, film de Jean Meyer (1958
avec Louis Seigner dans le rôle du bourgeois.

160 | *Le Bourgeois gentilhomme* de Molière

Georges Descrières (Dorante) et Jean Le Poulain (M. Jourdain), dans une mise en scène de J.-L. Cochet (acte III, scène 6, la Comédie-Française, 1980).

Un véritable amateur, caricature d'Honoré Daumier issue de la série «Les Bons Bourgeois» et publiée dans *Le Charivari* le 16 mai 1847.

Dossier Bibliocollège

Le Bourgeois gentilhomme

1. L'essentiel sur l'œuvre 164
2. L'œuvre en un coup d'œil 165
3. Le monde de Molière : absolutisme,
   noblesse et théâtre 166
4. Le genre de la comédie-ballet 170
5. Groupement de textes :
   L'art du ridicule : la vanité en spectacle 175
6. Lecture d'images et histoire des Arts 184
7. Et par ailleurs… 188

① L'essentiel sur l'œuvre

Le Bourgeois gentilhomme est une **comédie-ballet.** Ce nouveau genre, qui mêle le **théâtre**, la **musique** et la **danse,** a été imaginé par Molière en 1661 *(Les Fâcheux)* pour plaire au roi qui aime toutes les formes de spectacle et particulièrement la danse.

Le thème de la pièce est **très simple et fréquent** chez Molière : un père veut **imposer à sa fille un mariage** qui servirait sa manie (ici celle de devenir gentilhomme). La musique, les chansons et les danses sont burlesques et particulièrement bien intégrées aux dialogues. Elles se succèdent à un **rythme accéléré.**

Le Bourgeois gentilhomme

La pièce a été créée au **château de Chambord** pour le divertissement du roi le 14 octobre **1670,** jouée plusieurs fois devant la cour, puis représentée au théâtre du Palais-Royal le 23 novembre 1670, devant le public parisien. Elle obtient un bon succès.

M. Jourdain, bon et **riche bourgeois**, fait tout pour ressembler **aux gens de qualité.** Son obsession le rend **ridicule** car il ne sait comment se comporter face à la mode, l'art, la culture et l'amour. Il devient la proie d'un noble qui profite de sa naïveté.

164 | *Le Bourgeois gentilhomme* de Molière

2) L'œuvre en un coup d'œil

Ouverture en musique
Les maîtres de danse et de musique se moquent de leur élève, le riche bourgeois M. Jourdain, jusqu'à son arrivée sur scène (dialogue en musique – bergerie).
Intermède 1 : danse de démonstration du maître de danse.

M. Jourdain suit les leçons de différents maîtres (musique, danse, armes, philosophie) car il espère séduire la marquise Dorimène en se montrant galant et instruit. Il reçoit son nouvel habit.
Intermède 2 : danse des garçons tailleurs.

Sc.1-13 : Mme Jourdain critique son mari qui refuse que leur fille, Lucile, épouse Cléonte parce que ce dernier n'est pas noble. Le comte Dorante emprunte de l'argent à M. Jourdain et le flatte en lui laissant croire qu'il l'aide discrètement dans sa conquête de la marquise.
Sc. 14-16 : en l'absence de Mme Jourdain, Dorimène arrive pour souper, amenée par Dorante qui, pour la courtiser, se sert des cadeaux de M. Jourdain.
Intermède 3 : danse des cuisiniers.

Sc. 1-2 : Mme Jourdain survient, furieuse. Dorante affirme qu'il est l'organisateur de la soirée.
Sc. 3-5 : Cléonte et son valet imaginent une ruse : ils annoncent que le fils du Grand Turc (en fait Cléonte déguisé) veut épouser Lucile et que M. Jourdain va être fait « mamamouchi », c'est-à-dire noble de Turquie. Ils obtiennent l'aide de Dorante.
Intermède 4 : cérémonie de réception du mamamouchi.

Découvrant son mari habillé en mamamouchi, Mme Jourdain le croit fou. Elle refuse d'abord que Lucile épouse un Turc, même noble, puis accepte lorsqu'elle est informée du stratagème.
Dorante et Dorimène, qui ont décidé de se marier, viennent présenter leurs hommages au mamamouchi à qui Dorante fait croire que leur mariage permettra d'apaiser Mme Jourdain. On attend le notaire.
Intermède final : ballet des Nations.

Dossier Bibliocollège | 165

3. Le monde de Molière : absolutisme, noblesse et théâtre

LE POUVOIR ABSOLU

La monarchie absolue

Louis XIV a 16 ans lorsqu'il est sacré roi en 1654. Il établit très vite **la monarchie absolue** en décidant de gouverner seul. Il fait en sorte que personne ne puisse s'opposer à lui ou discuter ses décisions.

Un pouvoir sans limite

Son **pouvoir** est très **étendu** : il commande les armées, protège l'Église catholique, rend la justice et fait les lois.

Une cour surveillée

Le roi garde auprès de lui les Grands du royaume afin d'éviter qu'ils se révoltent. Pour cela, il établit un **protocole** très strict et les occupe au moyen de **nombreux divertissements**. En 1672, il installe définitivement la cour dans son magnifique **Palais de Versailles**.

Luxe et magnificence

Dans ses résidences royales, le roi organise de **magnifiques spectacles** et des **fêtes somptueuses** mais extrêmement **coûteuses.** La cour de France attire de nombreux artistes et devient un **modèle** de raffinement et d'élégance pour l'Europe.

Le Bourgeois gentilhomme de Molière

CONTEXTE

La noblesse d'épée

C'est la plus **ancienne** et la plus **restreinte**. Elle date du Moyen Âge et des chevaliers, et regroupe une centaine de **nobles de sang** (les Grands : princes, ducs, comtes, marquis). Le train de vie à la cour l'oblige à être très **dépensière** et sa fortune est fragile.

Les gentilhommes de province

Certains vivent exclusivement sur leurs **terres de campagne.** Leurs **revenus,** essentiellement **agricoles,** sont généralement insuffisants pour entretenir les manoirs. Très attachés à leurs privilèges (particulièrement celui de porter des armes), ils sont souvent fiers, brutaux et peu cultivés. Certains possèdent aussi **des biens en ville,** qui leur procurent des revenus plus réguliers.

LA NOBLESSE

La noblesse de robe

Elle désigne **les nouveaux nobles,** qui ont acquis leurs titres grâce à **l'attribution de charges** dans le domaine judiciaire ou financier. Ces charges, qui devaient être exercées pendant vingt ans au moins, étaient achetées par de riches bourgeois. Louis XIV récompensait ainsi les roturiers méritants.

Les privilèges

La noblesse bénéficie de **privilèges fiscaux** (exemption de la taille), **politiques** (accès aux assemblées des États provinciaux), **de carrière** (dans l'armée surtout), **honorifiques** (accompagner le roi) et **judiciaires** (jugée par un tribunal spécifique, le parlement).

Dossier Bibliocollège | 167

CONTEXTE

Des conditions de jeu difficiles

Les **scènes** étaient **petites** et éclairées par des **chandelles,** qu'il fallait régulièrement moucher ou rallumer : voilà pourquoi les auteurs prévoyaient une durée moyenne de 20 minutes par acte.

Des artistes mal considérés

Au XVIIe siècle, les comédiens étaient **méprisés,** surtout par **l'Église** qui les accusait de **mentir** en incarnant des personnages, et de **célébrer les passions mauvaises** comme la révolte des enfants contre leur père.

ÊTRE COMÉDIEN AU XVIIE SIÈCLE

Les spectateurs

Le public avait **peu de respect** pour le jeu des acteurs, qu'il n'hésitait pas à interpeller et à interrompre pour n'importe quel motif. **Les invités de marque** assistaient au spectacle assis sur des sièges placés **sur la scène. Les spectateurs riches,** installés **sur les galeries,** dominaient les acteurs. **Les plus pauvres** étaient debout, **au parterre.**

Les spectacles de rue

Les **farces** et les **comédies italiennes,** interprétées souvent en plein air sur des tréteaux par des comédiens ambulants, étaient très prisées par le **public populaire** pour qui le théâtre est un des rares moyens de **se distraire** et de **s'instruire.**

168 | *Le Bourgeois gentilhomme* de Molière

CONTEXTE

Constantinople

Aujourd'hui appelée Istanbul, Constantinople était, au XVIIᵉ siècle, la **capitale de l'Empire ottoman** et un centre artisanal très important. Les échanges commerciaux étaient alors intenses entre l'Orient et l'Europe.

L'arrivée d'une nouvelle culture

On importe de Turquie des **produits rares et précieux** : soieries, tapisseries, épices, sucre de canne, coton, agrumes… La mode est aux « orangeries », aux tissus, boissons et parfums orientaux. De nombreux **mots arabes** sont introduits dans le vocabulaire français (comme algèbre, sucre, divan, alcool…).

LE GOÛT DES « TURQUERIES »

Un Turc à l'origine de la pièce

En novembre 1669, l'émissaire du Sultan, **Soliman Aga**, fait une entrée impressionnante en France. **Reçu à Versailles,** il se montre **insensible au luxe** extraordinaire qu'on déploie pour lui, ce qui est perçu comme une provocation par Louis XIV. **Pour se venger,** le roi commande un **« ballet turc ridicule »** à Molière et Lully, et le fait représenter plusieurs fois devant la cour.

Le sultan Mehmed IV

Le puissant Sultan Mehmed IV, qui régna sur l'Empire ottoman de 1648 à 1687, a étendu son royaume sur toute l'Europe du Sud-Est et le pourtour de la mer Noire. Ses conquêtes ont contribué au rayonnement d'une civilisation qui provoqua **l'admiration de Louis XIV.**

Dossier Bibliocollège | 169

4 La comédie-ballet

I – Aux origines de la comédie

➥ Les modèles antiques

La comédie est née dans **l'Antiquité grecque**. Elle s'est ensuite développée chez les Romains. Elle ne comportait **pas d'actes ni de scènes** mais était écrite en vers et faisait alterner des parties chantées (*canticum*) avec les dialogues (*diverbium*). Elle était aussi accompagnée de danses.

L'action se déroulait dans **un cadre connu,** celui de la famille généralement, et se terminait toujours bien. Chaque personnage représentait **une catégorie de la société** et était facilement identifiable grâce à son masque et ses accessoires. On y trouvait, par exemple, le vieillard (*senex*) qui symbolisait le pouvoir ; les jeunes, opprimés par ce pouvoir ; l'esclave (*servus*) venant en aide aux jeunes ; la mère de famil[le] (*matrona*), représentant le bon sens et l'autorité…

Ce genre de spectacle, très divertissant, avait beaucoup de succ[ès] auprès des spectateurs, car il cherchait avant tout à les **faire rire** [ou] tout du moins sourire. On a donc très vite associé les mots « comédi[e] » et « comique », et nommé comédie tout spectacle amusant, comm[e] la farce ou les spectacles proposés par les Italiens.

➥ La farce médiévale

Au Moyen Âge, les représentations théâtrales, essentiellement [de] thème **religieux,** étaient très **longues.** En guise d'entractes, on donn[ait] à voir des petites pièces courtes et comiques qui venaient s'intercal[er] entre les grandes parties du spectacle (c'est-à-dire le « farcir »), ce q[ui] permettait au public de se détendre. L'action était très simple et [n]

> **À RETEN[IR]**
>
> La comédie antique, destinée à faire rire les spectateurs, faisait alterner les dialogues, les chants et les danses. Chaque personnage représentait une partie de la société.

170 | *Le Bourgeois gentilhomme* de Molière

LA COMÉDIE-BALLET

cessitait pas de décor. Il s'agissait en général d'un mauvais tour
ué à un personnage désagréable, qui se trouvait ainsi puni, souvent
attu et toujours ridiculisé... d'où le sens actuel de « mauvais tour »
j'a pris maintenant le mot « farce » !

La commedia dell'arte

e type de spectacle, venu d'Italie au XVIᵉ siècle, est basé sur
improvisation : à partir d'un canevas simple, les acteurs construisent
le action au fur et à mesure qu'ils la jouent. Ils incarnent des
ersonnages-types (le vieillard grincheux, le valet malin…) que
s spectateurs reconnaissent à leurs masques et leurs costumes (la
osse de Polichinelle, le costume bariolé d'Arlequin…). Molière
est parfois inspiré des comédiens italiens, avec qui il a partagé des
lles de spectacles et qu'il voyait s'entraîner. Il admirait beaucoup
s artistes complets qui savaient danser, faire des cabrioles, chanter,
uer d'un instrument et danser…

– La comédie du XVIIᵉ siècle

La comédie classique

début du XVIIᵉ siècle, les spectateurs cultivés
sont lassés des comédies qu'ils jugeaient
op grossières et sont devenus plutôt friands de
gédies et tragi-comédies qui mettent en scène
valeureux héros tragiques. Ils en appréciaient
rigueur et l'équilibre. Ils attachaient aussi
vantage d'importance au langage élégant et aux
enséances, et refusaient d'entendre des propos
cessifs ou de voir des actions violentes sur scène.
peuple était quant à lui toujours attiré par les
ces et la joyeuse comédie italienne qui privilégient
comique de gestes.

> ——— À RETENIR
>
> **Les quatre
> caractéristiques
> de la comédie :**
> – l'histoire s'inscrit
> dans la vie
> ordinaire ;
> – les personnages
> sont des bourgeois ;
> – elle finit bien ;
> – elle fait rire.

Dossier Bibliocollège | 171

LA COMÉDIE-BALLET

⇒ Molière entre en scène

Molière a su s'adapter aux goûts de ces différents publics en écrivant aussi bien des farces (*Sganarelle ou le cocu imaginaire,* 1660) et des comédies légères (*Les Fourberies de Scapin,* 1671) que des comédies graves en vers (*Le Misanthrope,* 1666) ou en prose (*Tartuffe,* 1664). Il a aussi réalisé des spectacles grandioses, dits « pièces à machines » (*Psyché,* 1671). Mais sa création la plus originale en son temps reste la comédie-ballet, dont on dit qu'il a été l'inventeur.

> **À RETEN**
>
> Molière a su renouveler le genre de la comédie pour s'adapter aux goûts des publics de son temps.

III – La comédie-ballet

⇒ Plaire au roi

Si Molière a su tirer parti des goûts du public populaire, qu connaissait bien, il a aussi été très tôt au service du jeune roi Louis XIV qu'il cherchait surtout à satisfaire. Ce dernier était passionné de musique et surtout de danse, qu'il pratiquait même sur scène devant la cour réunie. Pour lui plaire, Molière a eu l'idée d'intercaler des parties chantées et dansées dans les dialogues. Cette idée n'était pas nouvelle, les Romains l'avaient déjà eue… Mais il a amélioré le principe en faisant en sorte que les intermèdes soient parfaitement adaptés au sujet de la pièce. Ainsi, dans *Le Bourgeois gentilhomme,* les cuisiniers viennent mettre en plac en dansant et en chantant, le festin commandé pour Dorimène p M. Jourdain à la fin de l'Acte III.

> **À RETEN**
>
> L'histoire de la comédie-ballet est très courte mais elle est à l'origine du genre de l'opér qui est né aprè la mort de Molière.

Si Molière disait vouloir « peindre les mœurs de son temps d'apr nature » afin de dénoncer certains comportements humains, s objectif a toujours été de divertir les spectateurs, et particulièreme Louis XIV, en employant des moyens inédits.

172 | *Le Bourgeois gentilhomme* de Molière

LA COMÉDIE-BALLET

La première née

La première comédie-ballet de Molière, *Les Fâcheux*, date de 1661. Elle a été créée peut-être un peu par hasard lors de la fête donnée au château de Vaux-Le-Vicomte par le surintendant des finances Nicolas Fouquet pour Louis XIV : comme il fallait du temps aux danseurs pour se changer, Molière a fait en sorte d'insérer les différents moments du ballet à certains endroits de sa pièce.

C'est à cette occasion qu'il a rencontré le maître de ballet Pierre Beauchamp et le musicien Jean-Baptiste Lully avec qui il va collaborer à partir de 1664 pour créer neuf comédies-ballets (*Le Sicilien*, *Monsieur de Pourceaugnac*, *Le Bourgeois gentilhomme*…). Il en réalisera trois autres avec Marc-Antoine Charpentier, dont sa dernière pièce (*Le Malade imaginaire*).

L'histoire de la comédie-ballet est finalement très courte. Elle n'a duré que douze ans, de 1661 à 1673, à la mort de Molière. Mais elle a eu une très grande importance car elle est à l'origine de l'opéra, qui est devenu un genre musical majeur, et finalement aussi l'ancêtre des comédies musicales qui sont toujours en vogue à notre époque !

Reconstitution de la Foire Saint-Germain (Paris) avec ses tréteaux sur lesquels évoluaient les acteurs au XVIIe siècle. Gravure du XIXe siècle.

Dossier Bibliocollège

Illustration de Charles Huard pour une édition
de 1904 de *Bouvard et Pécuchet*
de Gustave Flaubert.

5) L'art du ridicule : la vanité en spectacle

À tant vouloir être gentilhomme, M. Jourdain entretient avec talent l'art du ridicule. Pour lui, être un homme de qualité consiste à le paraître, c'est-à-dire à se montrer élégant, galant et cultivé. Or, ce qu'il donne à voir est bien l'absurdité et la vanité de cette prétention : son bel habit n'est qu'un déguisement, son langage dévoile ses lacunes, ses goûts révèlent son étroitesse d'esprit et son ignorance… Il n'a pas compris que la noblesse ne s'acquiert pas par l'argent et qu'il est la dupe de tous ceux qu'il croit à son service : son tailleur le vole, ses professeurs le flattent, son ami le comte le trompe et le méprise… Tous se jouent de lui, alors que lui ne joue pas : il aspire juste à être admis dans la cour des grands.

D'autres écrivains ont dénoncé, comme Molière, cette naïve ou orgueilleuse balourdise, cette course au savoir et à la reconnaissance d'une élite idéalisée, cette forme de snobisme ou de pédanterie.

GROUPEMENT DE TEXTES

1) Jean de La Bruyère, *Les Caractères ou Les Mœurs de ce siècle*

Jean de La Bruyère (1645-1696) était le précepteur du fils du Duc de Condé. À ce titre, il a pu observer le mode de vie à la cour et particulièrement l'importance qu'on y accordait à la mode. Son œuvre unique, organisée en 16 chapitres, est un assemblage de pensées, portraits et réflexions sur les mœurs de son époque, inspiré par les *Caractères* du philosophe grec Théophraste (371-288 avant J.-C.).

> Arrias a tout lu, a tout vu, il veut le persuader ainsi[1]; c'est un homme universel, et il se donne pour tel : il aime mieux mentir que de se taire ou de paraître ignorer quelque chose. On parle à la table d'un grand d'une cour du Nord : il prend la parole et l'ôte à ceux qui allaient dire ce qu'ils en savent ; il s'oriente dans cette région lointaine comme s'il en était originaire ; il discourt des mœurs de cette cour, des femmes du pays, de ses lois et de ses coutumes ; il récite des historiettes[2] qui y sont arrivées ; il les trouve plaisantes, et il en rit le premier jusqu'à éclater. Quelqu'un se hasarde de le contredire, et lui prouve nettement qu'il dit des choses qui ne sont pas vraies. Arrias ne se trouble point, prend feu au contraire contre l'interrupteur : «Je n'avance, lui dit-il, je ne raconte rien que je ne sache d'original[4] : je l'ai appris de Sethon, ambassadeur de France dans cette cour, revenu à Paris depuis quelques jours, que je connais familièrement, que j'ai fort interrogé, et qui ne m'

Notes
1. **il veut le persuader ainsi** : il cherche à en persuader tout le monde.
2. **historiettes** : petits récits, anecdotes.

3. **prend feu au contraire contre l'interrupteur** : s'énerve contre celui qui le contredit.
4. **d'original** : de première source, et de façon certaine.

176 | *Le Bourgeois gentilhomme* de Molière

L'ART DU RIDICULE : LA VANITÉ EN SPECTACLE

caché aucune circonstance. » Il reprenait le fil de sa narration avec plus de confiance qu'il ne l'avait commencée, lorsque l'un des conviés lui dit : « C'est Sethon à qui vous parlez, lui-même, et qui arrive fraîchement de son ambassade. »

Jean de La Bruyère, « De la société et de la conversation »,
Les Caractères ou Les Mœurs de ce siècle, 9, 1688.

Questions sur le texte ❶

A. Identifiez les traits de caractère et les défauts d'Arrias. Comment La Bruyère les met-il en évidence ?

B. En quoi le comportement d'Arrias est-il insupportable pour ceux qui l'entourent ?

C. Qu'est-ce qui, à votre avis, peut expliquer un tel comportement ?

D. Que dénonce La Bruyère dans ce portrait ?

Dossier Bibliocollège | 177

■ GROUPEMENT DE TEXTES

2) Gustave Flaubert, *Bouvard et Pécuchet*

Gustave Flaubert (1821-1880) n'a malheureusement pas pu achev[er] son dernier roman pour lequel il a consacré plusieurs années [de] recherches. Son objectif était d'y faire la satire de la vanité humai[ne] en racontant les aventures de deux amis, Bouvard et Pécuchet, [se] lançant sans préparation ni discernement dans des expérienc[es] hasardeuses qui vont se révéler désastreuses. Flaubert avait songé [au] sous-titre « Encyclopédie de la bêtise humaine ».

> Dans les galeries du Muséum, ils passèrent avec ébahisseme[nt] devant les quadrupèdes empaillés, avec plaisir devant [les] papillons, avec indifférence devant les métaux ; les fossiles [les] firent rêver, la conchyliologie[1] les ennuya. Ils examinèrent [les] serres chaudes par les vitres, et frémirent en songeant que to[ut] ces feuillages distillaient des poisons. Ce qu'ils admirèrent [du] cèdre[2], c'est qu'on l'eût rapporté dans un chapeau.
>
> Ils s'efforcèrent au Louvre[3] de s'enthousiasmer pour Raphaë[l4]. À la grande bibliothèque, ils auraient voulu connaître le nomb[re] exact des volumes.
>
> Une fois, ils entrèrent au cours d'arabe du Collège [de] France, et le professeur fut étonné de voir ces deux inconn[us] qui tâchaient de prendre des notes. [...] Ils s'informaient [de]

1. **conchyliologie** : science traitant des coquillages.
2. **cèdre** : conifère originaire du Liban. Le botaniste Bernard de Jussieu en aurait rapporté deux pieds du jardin royal botanique de Kew Garden à Londres. Après avoir cassé le pot qui les contenait, il aurait utilisé son chapeau comme récipient.
3. **Louvre** : musée d'art du Louvre, le plus grand du monde par sa surface. Il a été inauguré en 1793.
4. **Raphaël** : architecte et peintre italie[n] de la Renaissance (1483-1520).

Le Bourgeois gentilhomme de Molière

L'ART DU RIDICULE : LA VANITÉ EN SPECTACLE

découvertes, lisaient les prospectus[1], et, par cette curiosité, leur intelligence se développa. Au fond d'un horizon plus lointain chaque jour ils apercevaient des choses à la fois confuses et merveilleuses. […]

Et ayant plus d'idées, ils eurent plus de souffrances.

Gustave Flaubert, *Bouvard et Pécuchet*, chapitre 1, 1881.

Questions sur le texte ❷

A. Dans quels lieux Bouvard et Pécuchet se rendent-ils ? Quelles sont les « choses » (l. 16) qu'ils y découvrent ?

B. Par quels procédés l'auteur montre-t-il la variété et la profusion des découvertes faites par Bouvard et Pécuchet ? Quel en est l'effet sur le lecteur ?

C. Choisissez parmi les titres suivants celui qui vous paraît le plus adapté à ce texte et justifiez votre choix :
- Les plaisirs inconnus du savoir
- Bienfaits et méfaits de la curiosité
- La connaissance inaccessible
- Deux amis heureux

D. Quelles particularités de Bouvard et Pécuchet, évoquées par Flaubert, le dessinateur Charles Huard a-t-il mis en évidence dans l'illustration p. 174 ?

---

1. **prospectus** : documents distribués pour informer ou faire de la publicité.

Dossier Bibliocollège | 179

GROUPEMENT DE TEXTES

3 Émile Zola, *L'Œuvre*

Écrivain et journaliste de la fin du xixe siècle, Émile Zola (1840-190.
s'inspire de son ami le peintre impressionniste Paul Cézanne po
faire le portrait de Claude Lantier, artiste méprisé qui s'oppose à l'a
académique. La scène se déroule à Paris, dans l'atelier de Claud
qui y reçoit régulièrement ses deux amis, le romancier Sandoz
l'étudiant en art Dubuche.

On frappait, et Dubuche entra. C'était un gros garçon bru
au visage correct et bouffi, les cheveux ras, les moustach
déjà fortes. Il donna des poignées de main, il s'arrêta d'un z
interloqué devant le tableau. Au fond, cette peinture dérégl
le bousculait, dans la pondération de sa nature, dans son respe
de bon élève pour les formules établies ; et sa vieille amit
seule empêchait d'ordinaire ses critiques. Mais, cette fois, to
son être se révoltait, visiblement.

— Eh bien ! quoi donc ? ça ne te va pas ? demanda Sandoz q
le guettait.

— Si, si, oh ! très bien peint... Seulement...

— Allons, accouche. Qu'est-ce qui te chiffonne ?

— Seulement, c'est ce monsieur, tout habillé, là, au milieu
ces femmes nues... On n'a jamais vu ça.

Du coup, les deux autres éclatèrent. Est-ce qu'au Louvre,
n'y avait pas cent tableaux composés de la sorte ? Et puis,
l'on n'avait jamais vu ça, on le verrait. On s'en fichait bien,
public !

L'ART DU RIDICULE : LA VANITÉ EN SPECTACLE

Sans se troubler sous la furie de ces réponses, Dubuche répétait tranquillement :

– Le public ne comprendra pas... Le public trouvera ça cochon... Oui, c'est cochon.

– Sale bourgeois ! cria Claude exaspéré. Ah ! ils te crétinisent raide à l'École[1], tu n'étais pas si bête !

Émile Zola, *L'Œuvre*, chapitre 2, 1886.

Questions sur le texte ❸

A. Quels sentiments le tableau de Claude provoque-t-il chez Dubuche ?

B. Quelles réactions son avis déclenche-t-il chez Claude et Sandoz ?

C. Associez ce texte à l'image p. 162 (caricature d'Honoré Daumier). Identifiez ce que selon vous dénoncent Zola et Daumier dans leur œuvre respective concernant les amateurs d'art du XIXe siècle.

1. l'**École** : il s'agit de l'École nationale supérieure des beaux-arts, fondée en 1682.

Dossier Bibliocollège | 181

GROUPEMENT DE TEXTES

4) Yasmina Reza, « *Art* »

Yasmina Reza, née en 1959, écrit aussi bien des romans, des scénario
des essais que des pièces de théâtre. Dans ses textes, elle présen
des personnages contemporains dont les comportements et prop
s'avèrent progressivement déplacés ou révoltants, et dont elle so
ligne ainsi le ridicule. Dans « *Art* », trois amis, Marc, Serge et Yva
s'affrontent au sujet d'une toile abstraite, « un tableau blanc, avec d
liserés blancs », acquise récemment par Serge. Opposant leurs idé
sur l'art moderne et l'art contemporain, ils vont s'entre-déchirer av
une telle aigreur qu'ils finiront par mettre à mal leur amitié.

MARC – Il vient de s'acheter un tableau.

YVAN – Ah bon ?

MARC – Mmm.

YVAN – Beau ?

MARC – Blanc.

YVAN – Blanc ?

MARC – Blanc. Représente-toi une toile d'environ un mèt
soixante sur un mètre vingt… fond blanc… entièreme
blanc… en diagonale, de fines rayures transversales blanches
tu vois… et peut-être une ligne horizontale blanche
complément, vers le bas…

YVAN – Comment tu les vois ?

MARC – Pardon ?

YVAN – Les lignes blanches. Puisque le fond est blanc, comme
tu vois les lignes ?

MARC – Parce que je les vois. Parce que mettons que les lig
soient légèrement grises, ou l'inverse, enfin il y a des nuan
dans le blanc ! Le blanc est plus ou moins blanc !

L'ART DU RIDICULE : LA VANITÉ EN SPECTACLE

YVAN – Ne t'énerve pas. Pourquoi tu t'énerves ?

MARC – Tu cherches tout de suite la petite bête. Tu ne me laisses pas finir !

YVAN – Bon. Alors ?

MARC – Bon. Donc, tu vois le tableau.

YVAN – Je vois.

MARC – Maintenant tu vas deviner combien Serge l'a payé.

YVAN – Qui est le peintre ?

MARC – Antrios. Tu connais ?

YVAN – Non. Il est coté ?

MARC – J'étais sûr que tu poserais cette question !

YVAN – Logique…

MARC – Non, ce n'est pas logique…

YVAN – C'est logique, tu me demandes de deviner le prix, tu sais bien que le prix est en fonction de la cote du peintre…

Yasmina Reza, extrait de « *Art* », © Éditions Albin Michel, 1998.

Questions sur le texte ❹

. Qu'est-ce que Marc est venu dire à Yvan concernant le tableau de Serge ? Qu'est-ce qu'Yvan veut savoir ? En quoi ces deux formes d'intérêt pour l'art s'opposent-elles ?

. Qu'est-ce qui agace Marc lorsqu'il décrit à Yvan le tableau de Serge ?

. Comment, selon Yvan, évalue-t-on la valeur d'un tableau ? Selon vous, en quoi ce procédé est-il discutable concernant l'art ?

Dossier Bibliocollège | 183

6 Lecture d'images et histoire des Arts

1) Louis XIV en costume de scène pour un bal donné à Aix-en-Provence en février 1660

Document 1
Gravure datant de 1660.
Bibliothèque des Arts Décoratifs à Paris.

C'est durant sa jeunesse que Louis XIV apprit à danser avec d[es] maîtres réputés – la danse, avec l'équitation et l'escrime, faisait par[tie] de l'éducation de base des gentilshommes. Il excellait dans cet art [et,] dès l'adolescence, se produisit sur scène au Palais-Royal, puis da[ns] une vingtaine de grands ballets de cour. Afin de lui plaire, Moliè[re] s'associa avec Lully pour écrire des œuvres auxquelles il pouv[ait] participer. C'est grâce à cette passion du roi que la comédie-bal[let] fut remise au goût du jour puis modernisée.

Questions sur le document 1

A. Par quels moyens le dessinateur a-t-il mis en évidence la grâce e[t] le talent du danseur ?

B. Quels détails indiquent qu'il s'agit d'un costume de scène d[e] danseur ?

C. Quels détails indiquent qu'il était porté par Louis XIV ?

D. D'après ce costume, identifiez quelle sorte de rôle a selon vo[us] été attribué au jeune roi dans le ballet.

Le Bourgeois gentilhomme, mise en scène de Catherine Hiegel, 2011

Document 2
Mise en scène créée par Catherine Hiegel en 2011.

Catherine Hiegel s'est attachée à conserver le texte de Molière ainsi que la musique de Lully, et propose un spectacle joyeux, coloré et complet où l'on retrouve des danseurs, des comédiens et des musiciens dans la grande tradition de la comédie-ballet. M. Jourdain, incarné par François Morel, y apparaît comme un personnage naïf, émouvant et sincèrement amoureux, dont la gentille candeur amuse les spectateurs attendris. La scénographie, élaborée à partir de toiles peintes et de carton-pâte, inscrit la pièce dans un univers théâtral marqué qui se prête au jeu et au pur divertissement.

Questions sur le document ❷

A. À quel moment de la pièce cette photographie a-t-elle été prise ?

B. Commentez le costume de M. Jourdain. De quelle façon correspond-il au texte de Molière ? Comment s'en distingue-t-il ?

C. Quelles couleurs sont privilégiées ? Pour quelles raisons ont-elles été choisies selon vous ?

D. Quels personnages des documents 2 et 4 pouvez-vous associer ? Comment les avez-vous identifiés ? Observez ce qui les différencie et commentez les choix des metteurs en scène.

LECTURE D'IMAGES ET HISTOIRE DES ARTS

3) *Molière*, film de Laurent Tirard, janvier 2007

Document 3

Molière, film de Laurent Tirard, sur un scénario de Laurent Tirard et Grégoire Vigneron, avec Romain Duris (Molière) Fabrice Luchini (M. Jourdain), Laura Morante (Mme Jourdain), Édouard Baer (Dorante), Ludivine Sagnier (Dorimène).

Dans son film, Laurent Tirard invente des faits qui se seraient déroulé durant une période de la vie du jeune Molière dont on ne sait rie c'est-à-dire pendant les semaines qui ont suivi son emprisonneme pour dettes, en 1645, juste avant que les comédiens de l'Illustr Théâtre partent en tournée rejoindre la troupe de Charles Dufresn Le cinéaste imagine la rencontre du futur dramaturge avec des pe sonnages hauts en couleur qui auraient pu lui servir de modèles po écrire ses futures pièces.

Questions sur le document 3

A. Dans quel lieu se déroule cette scène ? Observez le décor et indi quez s'il vous paraît convenir ou non à la pièce de Molière.

B. Quels sont les personnages en présence ? Que font-ils ? À que moment du *Bourgeois gentilhomme* est-il fait allusion ?

C. Comment l'acteur de gauche (Fabrice Luchini) fait-il paraître qu le personnage qu'il incarne est mal à l'aise ? Pourquoi l'est-i selon vous ?

D. Que représente le tableau placé au-dessus de la cheminée ? Pou quelle raison, selon vous, le cinéaste a-t-il choisi de placer là cett image ?

LECTURE D'IMAGES ET HISTOIRE DES ARTS

4) *Le Bourgeois gentilhomme*, mise en scène de Denis Podalydès, 2012

Document 4
Mise en scène créée par Denis Podalydès en 2012 à Lyon.

Denis Podalydès a créé son *Bourgeois gentilhomme* en 2012 à Lyon, quelques mois après Catherine Hiegel. Lui aussi a tenu à rester dans l'esprit de la comédie-ballet et il s'est entouré de grands artistes comme le musicien et chef d'orchestre Christophe Coin et le styliste Christian Lacroix, qui a réalisé les costumes. Pascal Rénéric interprète un M. Jourdain burlesque et spontané, qui se laisse irrésistiblement emporter par son désir frénétique d'accéder à l'univers des nobles.

Questions sur le document 4

A. Dans quel lieu le metteur en scène a-t-il placé les personnages ? De quelles informations données par le texte de Molière le scénographe s'est-il inspiré ?

B. Pourquoi les personnages sont-ils ainsi regroupés ? Quels sentiments divers sont révélés par les expressions du visage ?

C. Qu'est-ce qui permet de comprendre qu'il s'agit d'une photographie prise sur une scène de théâtre ?

D. Comparez les photographies des deux mises en scène (documents 2 et 4). Quelle est celle qui vous donne le plus envie d'assister à la représentation ? Expliquez pourquoi.

Dossier Bibliocollège | 187

7) Et par ailleurs…

N'hésitez pas à aller au théâtre : vous y découvrirez le texte d'une autre façon et serez séduit par le travail des comédiens !

FILMOGRAPHIE

Molière, film d'Ariane Mnouchkine (1977), DVD, Éd. Bel air, 2004.

Ce très long film est déjà ancien, mais il évoque avec beaucoup de précision et de passion la vie de Molière et de sa troupe. Il permet aussi de connaître un peu mieux son époque.

Molière, film de Laurent Tirard (2007), avec Romain Duris et Fabrice Luchini, DVD, Éd. Wild Side Vidéo, 2007.

Le cinéaste a imaginé ce qui a pu inspirer Molière pour écrire ses principales pièces, et particulièrement *Le Bourgeois gentilhomme*.

Le Roi danse, film de Gérard Corbiau (2000), avec Benoît Magimel, Borris Terral et Tchéky Karyo, Éd. Lancaster, 2015.

Ce film retrace la rencontre de Louis XIV jeune, passionné de danse, avec Lully et Molière créant pour lui leurs premières comédies-ballets.

Tous les matins du monde, film d'Alain Corneau (1991), avec Gérard Depardieu, Jean-Pierre Marielle, Anne Brochet, DVD Studiocanal, 2009.

Ce film, adapté du roman éponyme de Pascal Quignard (199.) plonge le spectateur dans l'univers des artistes musiciens et peintres du XVIIe siècle. On peut y entendre un certain nombre de musiques du XVIIe siècle, entre autres *Marche pour la cérémonie d[es] Turcs*, que Lully a composée pour *Le Bourgeois gentilhomme*.

Le film de Martin Fraudreau, *L[es] enfants de Molière et Lully*, vo[us] propose une plongée au cœu[r] d'une séance de travail de mise [en] scène du *Bourgeois gentilhomm[e]*.

CAPTATIONS DE MISE [EN] SCÈNE

Mise en scène de De[nis] Podalydès, direction musicale [de] Christophe Coin, réalisation : M[ar]tin Fraudreau, DVD, Alpha, 2015.

ise en scène de Benjamin Lazar, rection musicale de Vincent umestre, réalisation : Martin audreau, DVD, Alpha – Abeille usique, 2005.

mise en scène de Benjamin zar s'attache à respecter au us près la version originale, le qu'elle aurait été proposée Chambord lors de sa création 1670 (accent, jeu des acteurs, lairage à la bougie…).

SCÉNOVISIONS MOLIÈRE

La ville de Pézenas, où Molière séjourna ndant quelque temps au début sa carrière, propose un spectle déambulatoire en 3D pour oquer sa vie et son œuvre : vw.scenovisionmoliere.com

SUR LA TOILE

Le site de référence sur Molière, créé par la ville de Pézenas : vw.toutmoliere.net/

ET PAR AILLEURS…

Le site de l'INA : en faisant une recherche sur Molière, vous trouverez des extraits de mises en scène et du film d'Ariane Mnouchkine. www.ina.fr/

Le site de la Comédie Française : à la rubrique « Histoire et patrimoine » vous découvrirez un dossier intéressant sur Molière. http://comedie-française.fr

LA MUSIQUE AU TEMPS DE MOLIÈRE

Pour un peu mieux connaître le monde musical de Versailles, consulter l'article de Jean-Marie Lamour sur le site : http://digital.philharmonie deparis.fr/contexte-la-musique-a-versailles.aspx

Il est aussi possible d'écouter un CD de Jean-Baptiste Lully : *Le Bourgeois gentilhomme*, Lully - Molière. Gustav Léonhardt (interprète), Harmonia Mundi, juillet 2010.

ET PAR AILLEURS...

➤ CONSEILS de LECTURE

Molière et la vie des comédiens du xviie siècle dans les romans

Louison et monsieur Molière, M.-C. Helgerson, Flammarion, Collection « Castor Poche », 2001.

L'Homme qui a séduit le soleil : 1661, quand Molière sort de l'ombre, Jean-Côme Noguès, Pocket junior, 2008.

La Jeunesse de Molière, Pierre Lepère, Gallimard jeunesse, « Folio junior », 2009.

Une robe pour Versailles, Jeanne Albrent, Livre de Poche Jeunesse, 2015.

Les lumières du théâtre : Corneille, Racine, Molière et les autres, Anne-Marie Desplat-Duc, Flammarion Jeunesse, 2012.

Le Comédien de Molière, Annie Jay, Livre de Poche Jeunesse, 2015.

Comédienne de Molière : Journal d'Armande, 1658-1661, Christine Féret-Fleury, Gallimard Jeunesse, Collection « Mon Histoire », 2015.

Biographie

Molière – Que diable allait-il faire dans cette galère ? Sylvie Dodeller, L'École des Loisirs, Collection « Médium », 2010

Documentaire

Les Miroirs du soleil, littératures et classicisme au siècle de Louis XIV, Christian Biet, Gallimard, « Découvertes » n° 58, 1989.

Un petit ouvrage très complet et très illustré pour découvrir la vie culturelle et artistique du temps de Louis XIV.

À jouer et mettre en scène

Molière pour rire et *Huit extraits pour découvrir Molière,* Annick Ensergueix, Flammarion, Collection « Castor Poche Théâtre », 2002 et 2012. L'auteur regroupé les extraits particulièrement amusants du *Bourgeois gentilhomme* et d'autres pièces de Molière, pour lesquels elle propose de petites mises en scène.

Dans la même collection

ANONYMES
Ali Baba et les quarante voleurs (37)
Fabliaux du Moyen Âge (20)
Gilgamesh (83)
La Bible (15)
La Farce de Maître Pathelin (17)
Le Roman de Renart (10)
Les Mille et Une Nuits (93)
Tristan et Iseult (11)

ANTHOLOGIES
L'Autobiographie (38)
Dire l'amour, de l'Antiquité
à nos jours (91)
L'Héritage romain (42)
Poèmes 6e-5e (40)
Poèmes 4e-3e (46)
Textes de l'Antiquité (63)
Textes du Moyen Âge
et de la Renaissance (67)
Théâtre pour rire 6e-5e (52)

ALAIN-FOURNIER
Le Grand Meaulnes (77)

ANDERSEN
La Petite Sirène et autres
contes (27)

BALZAC
Le Colonel Chabert (43)
Eugénie Grandet (82)

BAUDELAIRE
Le Spleen de Paris (29)

CARROLL
Alice au pays des merveilles (74)

CHÂTEAUREYNAUD
Le Verger et autres nouvelles (58)

CHRÉTIEN DE TROYES
Lancelot ou le Chevalier
de la charrette (62)
Perceval ou le Conte du Graal (70)
Yvain ou le Chevalier au lion (41)

CHRISTIE
La mort n'est pas une fin (3)
Nouvelles policières (21)

CORNEILLE
Le Cid (2)

COURTELINE
Comédies (69)

DAUDET
Lettres de mon moulin (28)

DES MAZERY
La Vie tranchée (75)

DOYLE
Scandale en Bohême et autres
nouvelles (30)
Le Chien des Baskerville (49)

FLAUBERT
Un cœur simple (31)

GAUTIER
La Cafetière et autres contes
fantastiques (19)
Le Capitaine Fracasse (56)

GREENE
Le Troisième Homme (79)

GRIMM
Contes (44)

HOMÈRE
Odyssée (8)

HUGO
Claude Gueux (65)
Les Misérables (35)

JARRY
Ubu Roi (55)

LABICHE
Le Voyage de Monsieur Perrichon (50)

LA FONTAINE
Fables (9)

LEPRINCE DE BEAUMONT
La Belle et la Bête et autres contes (68)

LÉRY
Voyage en terre de Brésil (26)

Dans la même collection (suite et fin)

LONDON
L'Appel de la forêt (84)

MARIVAUX
L'Île des esclaves (94)

MAUPASSANT
Boule de Suif (60)

Le Horla et six contes fantastiques (22)

Nouvelles réalistes (92)

Toine et autres contes (12)

MÉRIMÉE
La Vénus d'Ille (13)

Tamango (66)

MOLIÈRE
George Dandin (45)

L'Avare (16)

Le Bourgeois gentilhomme (33)

L'École des femmes (24)

Les Femmes savantes (18)

Les Fourberies de Scapin (1)

Les Précieuses ridicules (80)

Le Malade imaginaire (5)

Le Médecin malgré lui (7)

Le Médecin volant – L'Amour
médecin (76)

MONTESQUIEU
Lettres persanes (47)

MUSSET
Les Caprices de Marianne (85)

NÉMIROVSKY
Le Bal (57)

OBALDIA
Innocentines (59)

OLMI
Numéro Six (90)

PERRAULT
Contes (6)

POE
Le Chat noir et autres contes (34)

Le Scarabée d'or (53)

POPPE
Là-bas (89)

RABELAIS
Gargantua – Pantagruel (25)

RACINE
Andromaque (23)

Iphigénie (86)

RENARD
Poil de carotte (32)

ROSTAND
Cyrano de Bergerac (95)

SAGAN
Bonjour tristesse (88)

SAND
La Mare au diable (4)

SHAKESPEARE
Roméo et Juliette (71)

STENDHAL
Vanina Vanini (61)

STEVENSON
L'Île au trésor (48)

STOKER
Dracula (81)

VALLÈS
L'Enfant (64)

VERNE
Le Tour du monde en quatre-vingts
jours (73)

Un hivernage dans les glaces (51)

VILLIERS DE L'ISLE-ADAM
Contes cruels (54)

VOLTAIRE
Micromégas et autres contes (14)

Zadig ou la Destinée (72)

WILDE
Le Fantôme de Canterville (36)

ZOLA
Jacques Damour et autres
nouvelles (39)

Au bonheur des dames (78)

ZWEIG
Le Joueur d'échecs (87)